# 生と死の『観音経』

牛込覚心

大蔵出版

# はじめに

「生と死」のシリーズで、『生と死の「白隠禅師坐禅和讃」』『生と死の「般若心経」』と上梓してきて、拙作が三作目となる。次は『生と死の「修証義」』を上梓する予定である。

『観音経』は『般若心経』と並んで、日本ではもっともポピュラーな経典といえるだろう。宗派を問わずに、多くの人々に読誦されている。

『観音経』は、日常はもとよりのこと、葬儀や法要にも読誦されることが多い。ということは、生者はもちろんだが、死者にとっても重要な経典だということである。

人は、「生を生」き抜いたあとで、次に「死を生」きていくのである。この場合、「生きる」とは、生も死も、旅にたとえることができる。ひたすらに旅を続けていくことが、生と死を生きていくことである。

旅には、困難がつきものである。その困難を解決し、守護してくれるのが「観世音菩薩」であって、その観世音菩薩の名を唱えよ、「念彼観音力」（彼の観音を念ずれば）と唱えるなら、かくの如くに困難は消滅して、無事に旅を続けていけるのだ、と説いている経典であるといってよいだろう。

説かれているところを、文言どおりに受け止めて、自分の人生に活用していくもよし、あるいは、文言の奥や行間を読みとって、心のたとえとして受け取るのもよいであろう。読みようは万人によって異なって当然だし、自由である。

けれども、経典に接するときに、信ずる力、「信仰心」を持っているか否かは、きわめて重要である。信仰心もなく、単に学問的に『観音経』を読み解いたところで、それは学問以上の力とはならない。

冷静に、学問的に字面だけを解読したら、困難を解決していく文言は、いかにもマジカル（Magical）だし、トリッキーなものになってしまうだろう。あるいは、なんとも「現世利益」的な経典ということになって、経典の持っている奥行きの深さに接することもなく、読了してしまうに違いない。

その意味でも、信仰心というものが根底にあって読むか否かは、最重要である。信仰心を持って、経典を読誦、含味していただくことを、こいねがう次第である。

# 生と死の『観音経』——目次

第一章

# 音を観《み》る不思議な菩薩《ぼさつ》

## 『観音経《かんのんぎょう》』と『法華経《ほけきょう》』のふかーい関係

『観音経《かんのんぎょう》』の正式な「題目」は、『妙法蓮華経観世音菩薩普門品第二十五《みょうほうれんげきょうかんぜおんぼさつふもんぼんだいにじゅうご》』という大変に長いものです。これではちょっと長すぎるので、省略して『観音経』と呼ばれるようになったのですが、むしろその略称のほうが一般に知られるようになってしまいました。なお、経本によっては『普門品』と記してあるものもあります。

この題目からも推察できるかと思いますが、『観音経』は、略称で『法華経《ほけきょう》』と呼ばれている大部の経典の一品《いっぽん》(品《ほん》は章と理解してください)なのです。『法華経』の正式の名を『妙法蓮華経』といいます。

よく「八万四千の法門」といわれるように、経典の数は膨大です。キリスト教が聖書一つであるのと好対照でしょう。その経典は、成立した時期ごとに、「宝積部《ほうしゃくぶ》」「華厳部《けごんぶ》」「般若部《はんにゃぶ》」……というようにブロック化して分類されておりますが、『観音経』は「法華部」というブロックの中に入っています。

「法華部」は、その本文にあたる『妙法蓮華経』が二十八品（章）からなり、さらにその開経（前章）として『無量義経《むりょうぎきょう》』（三品）を、結経（後章）として『観普賢菩薩行法経《かんふげんぼさつぎょうほうきょう》』を備えているので『法華三部経』とも呼ばれています。

『妙法蓮華経』とは、仏教の真理を蓮華《れんげ》の花に例えてつけられた名前です。蓮華はその根を泥土《でいど》の中に張っています。泥土とは、私たち衆生が生活をしている汚れ切った娑婆《しゃば》世界（実際の世界）の象徴です。しかし、仏教の真理の花は、その泥土の現実社会に根を張って、その泥土を栄養として水面に清浄な花を開花させるのです。

泥土と蓮華との関係のように、衆生と仏もまた切っても切れない関係にあります。仏だけが、衆生とは別に孤立して存在しているわけではありません。臨済宗の中興の祖と呼ばれている白隠禅師《はくいんぜんじ》は、『白隠禅師坐禅和讃《はくいんぜんじざぜんわさん》』という経典の中で、仏と衆生との関係について次のように説いておられます。

衆生本来仏なり　水と氷の如《ごと》くにて
水を離れて氷なく　衆生の外《ほか》に仏なし

「私たち凡夫はもともと仏（仏性《ぶっしょう》を備えている生きもの）である。仏と衆生とは水と氷のようなもので、水がなかったら氷のありようがないではないか。凡夫である私たちのほかに仏はないのである」

仏と衆生の関係を明確に言い切ったことばです。凡夫である私たちの住む泥土の世界から、悟りの蓮華は咲くのです。水と氷のように、泥土と蓮華は切っても切れない関係にあります。泥土に住んでいることを嘆き悲しむことはありません。

泥土から蓮華へと昇華していくその妙法（すばらしく優れた教え）を説いた経典、それが『妙法蓮華経』、つまり『法華経』なのです。

『法華経』は、古くは中国の天台山で盛んに読まれました。日本では、天台宗のお祖師さまである伝教大師《でんぎょうだいし》最澄《さいちょう》がもっぱら広めました。鎌倉期に入ってから、天台宗を出た日蓮《にちれん》聖人《しょうにん》が『法華経』一筋で広めましたので、この経典をよりどころとする宗派が誕生しました。

「法華宗」「日蓮宗」などがそうした宗派です。

しかし、『法華経』のすばらしさは、そうした宗派性を超越して多くの信奉者を得ています。禅宗（臨済、曹洞《そうとう》、黄檗《おうばく》）などでもことあるたびに読誦《どくじゅ》しますし、前出の白隠禅師などは、この経典のすばらしさをみずから説かれているほどです。

各宗派には、必ず「名号」というものがあり、ことあるごとにお唱えいたします。例えば次のごとくです。

南無《なむ》阿弥陀仏《あみだぶつ》…………浄土系
南無《なむ》釈迦牟尼仏《しやかむにぶつ》…………禅系
南無《なむ》大師遍照金剛《だいしへんじようこんごう》……真言宗

これらはすべて、仏のお名前（名号）かお祖師さまのお名前です。ところが、そんな中で名号ではなく経典の題目を唱える宗派があり、それが法華宗や日蓮宗だというわけです。当然「南無妙法蓮華経《なむみようほうれんげきよう》」と唱え、これを「お題目《だいもく》」と称しています。

仏教では「仏」（悟りを開いた人）、「法」（仏の教え）、「僧」（その実践者たち）を三宝《さんぽう》と呼んで敬いますが、いわば前者が「仏宝」（大師を仏宝とするか僧宝とするかは難しいのですが）を唱えているのに対して、後者は「法宝」を唱えていることになります。

　念のために言えば、是非の問題ではありません。私自身禅僧ではありますが、「南無阿弥陀仏」とも「南無妙法蓮華経」ともお唱えすることがあります。ただ、「南無阿弥陀仏《なむあみだぶつ》」を「南無阿弥陀仏《なむおみとふ》」、もしくは「南無阿弥陀仏《なむおみとぼや》」と発音することがあるのですが、これは禅系僧侶の読み癖です。

　少々横道にそれましたが、このように、『妙法蓮華経』は日本中に広まりました。『観音経』は、その中の第二十五章目にあたる経典なのです。

　もっとも、異説によると、『観音経』は当初『法華経』の中には含まれておらず、後年になって『法華経』が再編集された折に取り入れられたもので、もともとは独立した経典だったというのですが、真偽のほどは不明です。それに、現在では『法華経』の第二十五章目にあたるというのが定着しておりますので、異を差し挟む必要はないと思っております。

『法華経』は、梵語《ぼんご》（インドの古語であるサンスクリット語）から中国で中国語に翻訳されました。複数の僧侶が訳していますが、日本に広まったのは鳩摩羅什三蔵《くまらじゅうさんぞう》（法師《ほうし》）の訳されたもので、もちろん名訳とされています。

## 「自在」と「世音」

前節までで、『観音経』の出自とでもいいますか、このお経が『法華経』と親子のような関係にあるということがおおむねご理解願えたと思いますので、ここでは、このお経の主人公である「観世音菩薩《かんぜおんぼさつ》」、いわゆる「観音さま」について述べることにいたします。

観世音菩薩にはもう一つの名前があります。「観自在菩薩《かんじざいぼさつ》」です。『観音経』では「観世音菩薩」で登場しますが、『般若心経《はんにゃしんぎょう》』では「観自在菩薩」のお名前で出ているのです。

どうして二つの名を持つことになったかといいますと、もともと仏教の発祥の地インドでは、観音さまは「アバローキテーシュバラ」と呼ばれていました。これを中国語に訳すときに、『法華経』の訳者である鳩摩羅什三蔵法師《くまらじゅうさんぞうほうし》は「観世音菩薩」と訳し、一方『般若心経』の訳者は「観自在菩薩」と訳されたのです。こちらは『西遊記《さいゆうき》』でおなじみの玄奘三蔵法師《げんじょうさんぞうほうし》です。

まず、両方に共通する「菩薩《ぼさつ》」ということばを考えてみましょう。菩薩とは「菩提薩埵《ぼだいさった》」の略で、仏さまの位の名称です。「如来《にょらい》」の次の位が菩薩で、如来の上はありません。これ以上の悟りはないという完全な境地に至ったものの位が如来なのです。ですから釈迦《しゃか》は「釈迦如来」と呼ばれるのです。

では、菩薩はまだ悟っていないのかといいますと、そうではありません。十分に如来になる資格は有しているのですが、それでもなお修行を続けているという位です。菩薩は私たち悩み多き衆生を救い切るというどうにも難儀な誓いを立て、それを達成するまでは如来にならないと誓ったから如来の下に位置しているのです。これは「救世《ぐぜ》」と呼ばれ、菩薩の行とされています。

これが菩薩の意味ですが、このことを、道元禅師《どうげんぜんじ》のことばをまとめた『修証義《しゅしょうぎ》』というお経では、「自未得度先度他《じみとくどせんどた》の心を発《おこ》すべし」と説いています。「自《みずか》ら未《いま》だ度《わた》ることを得ざるに、先に他を度さんとする心を起（発）こしなさい」と読めます。

ここでいう「度《わた》る」とは、「悟りを得る」ということです。ですから、自分はすでに度る実力があるにもかかわらず、自分が度る前に他を度していく。他を悟らせていくということです。これが「救世」の心であり「菩薩の行」なのです。

ですから、菩薩は如来というすでに最上最高の悟り（「無上正等覚《むじょうしょうとうがく》」または、「阿耨多羅三藐三菩提《あのくたらさんみゃくさんぼだい》」といいます）を得た位の次に位置しているのですが、私たち凡夫にとっては如来よりも身近に感じる存在でもあるわけです。

次に両方に共通するのは「観」の字で、これは「観《み》る」という意味です。「みる」ということばには、大変にいろいろな漢字があてはめられます。ちょっと考えただけでも、「見」「観」「検」「視」「診」などの字が浮かんできますが、「観る」という漢字には「観察する」という深い意味合いが含まれてきます。

この「観」の字を「自在」と「世音」につけてみましょう。「観自在」と「観世音」になります。まず「観自在」のほうから説明しますと、「観察すること自在なり」という意味になります。なにを「観察」するのかといえば、菩薩は私たち凡夫の住むこの世の中を自在に観察するのです。だから「観自在菩薩」と呼ばれるわけです。

その「観自在菩薩」が、鳩摩《くま》羅什《らじゅう》三蔵《さんぞう》法師《ほうし》の訳になると「観世音菩薩」という呼び名に変わります。こちらは「世の中の音を観察する菩薩」ということになります。菩薩と呼ばれるほどの方ですから世の中を自由自在に観察することは可能でしょう。そこまでは理解できるのですが、一つ奇妙なことがあります。

通常、観察するといえばまず目で観ることをイメージするのではないでしょうか。つまり、視覚が観察の第一歩であるように思われます。ところが、ここでは「観世音」とわざわざ「音」の文字をあてています。耳で観察するというのです。聴覚で世の中を観察するというのですから、私ならずともちょっと不思議に思われるのではないでしょうか。

実は、このことは前著の『生と死の「般若心経」』でも触れております。前著では、音で観察するほうが視覚で観察するよりも広範囲に観察できるし、海底などの調査では、現実に「音波」で観察を行っていると記しました。さらに、視覚では予断を持ってしまうことが、「音」ならば厳密に観察できる側面もあるとも申しました。詳細は『生と死の「般若心経」』をお読みいただきたいと思います。

では、仏教では視覚や聴覚などの感覚をどのように考えているのでしょうか。ここでそれを見てみましょう。まず、人間には「五根《ごこん》」といい、「眼《げん》・耳《に》・鼻《び》・舌《ぜっ》・身《しん》」という五つの感覚があるとしています。平たく言えば、「視覚」(眼)「聴覚」(耳)「嗅覚」(鼻)「味覚」(舌)「触覚」(身)ということになりましょうか。これに、それらの感覚器官を統合する「意《い》」を加えて「六根《ろっこん》」と呼ぶ場合もあります。これらは感じる側ですから、いわば「主体」ということができます。

それに対して、感じられる側、つまり「客体」として「五竟《ごきょう》」または「六竟《ろっきょう》」というものを想定しています。「見」る側(主体)に対して「見」られる側(客体)ということです。感じる側である「眼《げん》・耳《に》・鼻《び》・舌《ぜっ》・身《しん》・意《に》」の六根に対応して、「色《しき》・声《しょう》・香《こう》・味《み》・触《そく》・法《ほう》」という感じられる側の存在をあげており、これを「六竟」と呼んでいます。

この「六根」と「六竟」によって一つの状況が生まれますが、これを「六界《ろっかい》」といいます。「眼界《げんかい》」「耳界《にかい》」「鼻界《びかい》」「舌界《ぜっかい》」「身界《しんかい》」「意識界《いしきかい》」の「六界」です。

「六根」と「六竟」をたして「十二処《しょ》」、さらに「六界」を加えて「十八界」といいます。

これらのことは前著の『生と死の「般若心経」』にも詳述いたしましたので、これ以上のことはそちらに譲ることにいたします。

## 「音」の特殊性

突然ですが、話題が変わります。人間の「死」とはいったいなんなのでしょう。死とは、それだけが特別に独立してあるわけではありません。仏教、というよりもごく一般の日本人の感性として、死及び死後は「生」の延長線上にあるものとして把握されています。「死者」は「死後の世界」を生きていると考えるのです。

この考え方は、仏教をはじめとして、儒教、道教などという中国に根づいていた思想が日本に渡来して強い影響を与え、土着の自然崇拝や神道などと混ざり合いながら形成されていきました。

日本も含めて、中国の一部や朝鮮などの東北アジアにおける地勢上の気質が、そうした思想のかっこうの土壌になったのではないでしょうか。仏教に限らず、宗教はどういう意味でもその地域の地勢と無関係に育成されることはありません。

地勢は、その地域に住む人々の生活のスタイルに強い影響を与えます。狩猟を主とした生活スタイルなのか、農耕を主とした生活スタイルなのかでは、信奉する宗教が大きく異なってくるのは当然でしょう。厳密にいえば、日本国内でも、農村部と商業地域、工業地域とでは宗教の祭祀のしかたが異なっているはずです。本尊一つとっても、農村が「田の神」であるなら、商業地は「エビスさん」という商売の神さまであるといったようにです。

東北アジアという広大な地域は、酷暑極寒《こくしょごっかん》の地でもなく、砂漠や岩だらけの地でもありません。大変農耕に適した、温暖で生活しやすい地域です。赤道直下や極北の地などの生活の条件の厳しい地域から見たら、非常に暮らしやすいところです。こういう地域では、生活していることを否定的にはとらえません。いま生きているのはとても楽しいことだと、生を肯定的にとらえる傾向が強くなります。生を肯定しているのですから、当然のこととして、少しでも健康で若々しくいたい、長寿を保ちたいと想い願うようになります。

道教には、こうした東北アジア人の願望があります。その結果、神仙思想といった不老長寿の研究や考え方が生み出され、実際に薬品や食品、健康法などが誕生いたしました。老荘思想や道教は、孔子の提唱した倫理と礼法に終始する儒教へのアンチテーゼとして登場しました。儒教はどちらかといえば禁欲的で息苦しかったからです。このような道教的な考え方を歓迎した人々は少数ではありませんでした。

道教的な中国の思想や文化は、東北アジアの端の島国日本にも渡来しましたが、時の朝廷は道教をいっときは迎え入れたものの、すぐに禁じました。その理由は、道教の一面である呪禁《じゅごん》と呼ばれる呪《のろ》いの法を恐れて嫌悪したからです。しかし、まったく道教の思想が入らなかったわけではないようです。「浦島太郎」の伝説や「羽衣伝説」は明らかに神仙思想の影響を受けており、道教的なものと指摘することができます。

いずれにしても、東北アジア人は不老長寿をこいねがう民です。不老長寿を願わない東北アジア人は皆無といってもいいほどです。でも、どう考えても不老長寿というのは不自然ですよね。人間はいやでも一秒経過すれば一秒分確実に老い、やがて死に迎えられるのですから。そこで、人々は死とはなにかを明らかにしようと努めます。

儒教では、「魂魄《こんぱく》」という考え方を打ち立てました。人間を「魂」（精神）と「魄」（肉体）

とに分けて考えるのです。人が死ぬと、肉体である魄はその役目を終えて土に帰っていきますが、精神である魂は遺族たちが焚《た》く香の煙とともに天上に昇っていき、そこに住するというのです。肉体は滅しても、精神は滅ぶことがないという考え方です。

死者の魂は不滅であり、やがてこの世に帰ってくるのですから、そのときの依代《よりしろ》が必要です。そこで「神主《しんしゅ》」もしくは「木主《ぼくしゅ》」というものを造りました。木片に台座をつけて名を記したもので、それに「始祖」「高祖」「代々の死者の名」を刻んで祭祀するのです。

これは、儒教の柱である「孝」の思想を実践するためには絶対に欠かせないものです。「孝」というと、「親孝行」という概念に代表されて儒教本来の考え方がかき消されてしまいがちですが、「孝」の思想とは、自分の過去を親、祖父母、先祖とし、自分の未来を子、子孫ととらえ、これをたいせつにすることによって現在の自分があるとみる考え方です。そこで具体的な先祖の名を記した「神主」(木主)を魂の依代として手厚く祭祀するようになり、この神主(木主)が日本に入ってきて、皆さんのご家庭のお仏壇の中に祀ってある「お位牌」となったのです。

仏教のものだと思っていた「お位牌」が、意外にも儒教のものだとわかって少々とまどわれた方もあるかもしれませんが、位牌以外にも、仏式の葬儀や法要の中にはずいぶんと儒教的なものが含まれております。ここではいちいち申し述べませんが、それが仏式葬送の現実であることを知ってほしいと思います。そのように仏・儒・道の三教が混ざり合ってしまったのには歴史的な必然があったのですが、先に進めなくなってしまいますので、ここでは説明をいたしません。それでなくともだいぶ寄り道をしてしまったようです。

人間の死は、肉体(魄)の機能を次第に停止させていきます。しかし、決して死イコールすべての肉体の機能、器官が一斉に停止してしまうということではありません。死を迎えても、まだ機能している器官があるから臓器移植が可能なのでしょう。ヨーイドンで肉体のすべてが崩壊するのではなく、逐次敗壊《はいえ》していくわけです。

先に述べた、眼《げん》・耳《に》・鼻《び》・舌《ぜつ》・身《しん》・意《に》の六根も例外ではありません。やはり各感覚が一斉に不能になるのではなく、逐次だめになっていきます。「食べものの味がわからなくなってきた」「指や手の感触がない。足が冷たい」「においがしない」「目が見えない」「意識が混濁してきた」というようにです。順序は必ずしもこのとおりではないでしょうし、個人差もあるでしょうが、臨終のとき、各感覚はこのようにしてだめになっていくような気がします。しかし、ただ一つ、「耳」だけは最後まで敗壊しないのではないかと思えるのです。だから近親者たちは、「お父さん、しっかりして」「あなた！」などと体を揺するようにして叫ぶのではないでしょうか。

当人はもうしゃべることもできません。目も開きません。体も動かせません。応答の手段がないのです。けれども、聴覚は最後の最後まで有効のような気がするのです。医師から死を宣告されても、なお活動しているように思えるのです。死んだことのない私たちが知らないだけなのではないでしょうか。

例えば朝起きるとき、感覚のどこから目覚めさせられますか。揺り動かされて起きたというのは例外ですが、恐らくは耳に音が聞こえてきて目覚めさせられるのではないでしょうか。目覚まし時計や周囲の音で目覚めるということです。

あるいはなにかの事情で気絶したとして、失神の状態から目覚めさせられるのはやはり「声」や「音」なのではないでしょうか。

「音」――、つまり「観世音菩薩」の「音」です。

# 死者のための観音経

原始仏教の形態を強くとどめているといわれているチベット仏教には、『チベットの死者の書』（おおえまさのり訳・講談社／川崎信定訳・ちくま学芸文庫）という仏典があります。同書はＮＨＫスペシャルなどでも紹介されましたからかなりご存じの方も多いと思いますが、人間の臨終のときから死後の世界に至る様子や秘法などが解き明かされていて大変興味深いものがあります。日本では中陰《ちゅういん》とか中有《ちゅうう（ゆう）》と呼び、七七忌《しちしちき》や四十九日、喪《も》あけなどといわれるまでの期間にあたり、共通するものがあります。

『チベットの死者の書』は、永らく埋もれていたものが「今から七十年ほど前に、ニュージャージー生まれ、カリフォルニア育ちのアメリカ青年エヴァンス・ヴェンツ」（川崎版・

前出解説より）によって発掘され、広く世に紹介されたといいます。同書を支持したのは、ＬＳＤの薬物などを使用していたヒッピーたちで、『（いわゆる、ラリる際の）指南書』（川崎版・前出）として読まれたというのです。

このような「死の秘法」に関しては、日本にも古くは『往生《おうじょう》要集《ようしゅう》』（源信《げんしん》僧都《そうず》撰述《せんじゅつ》）があります。岩波書店などから刊行されていますので、興味のある方には原典をお勧めしますが、『往生要集』には「臨終」の作法から死後の「地獄」の様相までが詳細に述べられています。

『チベットの死者の書』はかなり難解なので、一般の人はちょっととまどわれるかもしれませんが、読み進んでいくと日本仏教との類似点が非常に多く、関心をそそられます。チベット仏教も日本仏教も同じ仏教なのですから共通点が多いのは当然なのですが、仏教はインドで発祥し、ヒマラヤを超えてチベットや中国、朝鮮、日本に伝来する過程でいろいろに変質しています。

例えば、チベットには仏教渡来以前からボン教がありましたから、仏教がボン教の影響を受けたのは当然でしょう。その影響は、歩いて回りながら経典を読誦《どくじゅ》する「行道《ぎょうどう》」などに現れています。日本では順転《じゅんてん》といって右回りに移動しますが、チベットでは日本で逆転《ぎゃくてん》といわれる左回りで、これはボン教の影響といわれています。

　これはほんの一例にすぎません。仏教は日本に渡ってくる前に、すでに儒教や道教などの影響も強く受けています。このことは、弘法大師《こうぼうだいし》空海《くうかい》が十九歳（二十一歳とも）のときに執筆した戯曲『三教指帰《さんごうしいき》』に、「仏・儒・道」の三教を比較しておられることにも現れています。

『チベットの死者の書』によると、人が死んだとき、朝食をとる間ぐらいの時間に、僧侶は死者の耳に口がつくくらい近づけ、独特のことばで「あんたは死んだのだ」ということを言って聞かせるのだそうです。これはチベット独自のやり方かといいますとそうではなく、少々方法は異なりますが、日本にもそうした「葬（喪）儀法要」の法式があります。「枕《まくら》経《ぎょう》」というのですが、死の床に就いている死者（屍《しかばね》）が棺《かん》に入る前に読誦して聞かせる経典や回向文《えこうもん》がそれにあたります。

　なお、「棺」は「屍」が入ってからは「柩《ひつぎ（きゅう）》」となります。「柩」の置かれた場を「柩《きゅう》檀《だん》」、運ぶ車を「霊柩車《れいきゅうしゃ》」と呼びます。「霊棺車」とはいいません。

枕経として、臨済宗の場合は『観音経』『大悲呪《だいひしゅ》（陀羅尼《だらに》）』『通回向文《つうえこうもん》』が唱えられます。曹洞宗では枕経を「臨終諷経《りんじゅうふぎん》」と呼び、『仏遺教経《ぶつゆいきょうぎょう》』『舎利礼文《しゃりらいもん》』『回向』が唱えられます。（「曹洞宗葬儀要集」桜井秀雄監修・中居堂出版部）

「枕経」といい「臨終諷経」と呼んでも、その役割は『チベットの死者の書』でいう本論第一章の「チカエ・バルドゥ（死の瞬間の中有）における光明のお導き」（川崎版・前出）と共通しています。そこに非常に興味がわきます。

ところで、枕経としてなぜ『観音経』が唱えられる（臨済宗）のでしょうか。ここに注意を払っておきましょう。そのうえで『チベットの死者の書』を見ると、先述第一章中の「〈チカエ・バルドゥ（死の瞬間の中有）〉における、第二の光明の体験」には、「一般の人々の場合には、《大慈悲尊《ジョボツクジエチエンポ》（観音菩薩）を瞑想すべきである》と、教えなくてはならない」（二十八ページ、傍点筆者）とあるのです。くしくも、『観音経』と「大慈悲尊（観音菩薩）」が符合するのです。日本でも、『開甘露門《かいかんろもん》（施餓鬼《せがき》）』という経典の中で、観世音菩薩は「大慈大悲《だいずだいひ》救苦観世音菩薩《きゅうくかんぜおんぼさつ》」と唱えられており、「大慈悲尊」と変わるところはありません。

また、同じ『チベット死者の書』でも、『ゲルグ派版・チベット死者の書』（春秋社）が後に出版されましたが、こちらのほうが、より日本人には理解しやすいようです。チベットにも、日本と同じく宗派がありまして、先の書はニンマ派のものです。ほかにシャーキャ派・カギュー派といったものがあって、四大宗派を形成しているのがチベット仏教です。

こうして対比してくると、いやでも一つの答えがあぶり出されてくるではありませんか。『観音経』及び「観世音菩薩」が生者にとって必要なことは否定しませんが、実は「死者」にとっては生者以上に重要なのだという答えです。「死者のための『観音経』」という極論さえ成立しかねません。

そのことについて、もう少し述べます。人が死ぬと、「死出の旅に立った」と言います。死者は死の瞬間から、死者が本来住すべき場所に向かって旅を始めるのです。「死者が本来住すべき場所」を「成仏《じょうぶつ》」といいます。「仏に成る」ところです。その目的地である「成仏」までの旅路がどんなものなのか、死んだことのない私にはわかりませんが、ただごとではなさそうだぞというのは私にもうっすらと想像できます。

『往生要集』に出てくるような地獄があるのかもしれない。エンマさまもいるのだろう。三途《さんず》の河《かわ》というのは、いかにも寂しくて怖そうだ……。そう思うと、正直言ってそんな「死出の旅」はしたくありません。どうしても旅立たなければならないなら、なんでも言うことを聞きますから、どなたかに旅の無事を祈っていただきたいし、アドバイスがあったらぜひともお聞きしておきたいと思うのが人情でしょう。それでも助け船が来ない場合、「観音さま、助けて……」と、思わず観世音菩薩の名を口にして願うしかないでしょう。

そうなのです。実は、観世音菩薩がそうした悲鳴（音）を聞きつけて救ってくださり、旅するためのアドバイスをしてくださるのです。「世の悲鳴（音）を観察すること自在なり」の「菩薩」が「観世音菩薩」であり、「観自在菩薩」なのだというわけです。

このことを「死の瞬間」にあるものに伝え、教えてやるのが枕経としての『観音経』であり、「チカエ・バルドゥ（死の瞬間の中有）における、第二の光明の体験」での「大慈悲尊（観音菩薩）を瞑想すべきである」ということなのです。

いずれも、「死の瞬間」からできるだけ早い時期に、死者の耳もと（枕もと）で教えたり唱えたりしてあげなくてはなりません。なぜなら、六根の「耳」（聴覚）は最後の最後まで活動しているからです。

その死者の耳に、『観音経』はどのようにして響きわたっていくのでしょうか。唱える側の僧侶である私には、どうにも気になってしかたのないところなのです。

## 宇宙の構造

観世音菩薩の「音」について、もう少し述べてみたいと思います。仏教経典に使用されている漢字一字は、とても広大で奥行きのあるものばかりです。たった一文字の解説のために、本一冊分が必要になることさえあります。いえ、一冊分の説明をしてもなおわからないものもたくさんあります。『般若心経』に出てくる「空」などという文字は、まさに難解極まりないものです。

そうした奥深さは、「音」の一字にもあります。観世音の「音」が意味するものは、直接耳に届く音だけではありません。だれかの実際の悲鳴を「音」として観るだけではなく、その人の心の奥の「音」までを観察し抜くのです。心の奥の音というと奇妙に聞こえるかもしれませんが、これも「心の波動」という音なのです。

私たち凡夫にはとうてい聴き分けられませんが、私たちに聴き分けられなくても実際に鳴っている音というのはたくさん存在します。音は「音波」という波で作られています。その波には「周波」というものがあり、私たちの耳には一定の周波数の幅の音しか聴こえないようになっているのです。しかし、この宇宙にはとんでもない高周波の音や低周波の音も飛び交っています。その意味では、私たちの耳に聴こえている音はほんの一部でしかありません。人間の耳には聴こえなくとも、犬や猫などほかの動物たちの耳には確実に聴こえている音だってあるわけです。

ここで承知しておきたいことが二つあります。一つは、音は「波」であり「振動」であるということです。もう一つは、人間の耳の機能では受信できない音がたくさんあるということです。波と振動というと、「光」も波ですし、「電波」も波です。さらに「空気」も振動します。風がそれです。

ところで、私たちの体や住んでいる地球を含めて、この宇宙をどこまでも細分化していくとします。元素や陽子、中性子というレベルまで電子顕微鏡で見てさらに細かく分析していくと、最後にはなにもなくなってしまうというのです。『共振する世界』（中村雄二郎著・青土社）によると、最後にはなにもなくて、磁気を帯びたある空間が振動しているだけになるとされています。これが宇宙の正体だというのですから、どうにも奇妙なことになったものです。もしも観世音菩薩がそのような波と振動まで観察していらっしゃるというのなら、実はこの世のあらゆる事象を見続け、私たちに救済の手を差し伸べてくださるということになります。

では、仏教ではこの宇宙をどのように見ているのでしょうか。宇宙とは、換言すれば「時間」と「空間」のことです。時空、それが宇宙です。仏教では、時間を無限の過去世と現在世、それに無限の未来世の「三世《さんぜ》」に分けて考えます。空間は、これも無限の十方向と考えます。「十方《じっぽう》」とは、東・南・西・北の四方に東南・西南・東北・西北の四方をプラスして八方。それに上・下を加えて「十方」としているのです。

経典の読誦のあとには『回向文』などをお唱えいたしますが、最後には必ず、「十方三世《じっぽうさんぜ》一切《いっさい》の諸仏諸尊菩薩摩訶薩《しょぶつしょそんぼさつまかさ》摩訶般若波羅蜜《つまかはんにゃはらみつ》」と唱えます。これは平たく言えば、「宇宙（十方三世）中のもろもろの仏・法・僧」ということになります。このように、寺院では毎日仏として宇宙を礼拝《らいはい》しているのです。それも、宇宙の真理や実相、あるいは宇宙の法則といってもいいのですが、そのような人間の力ではどうすることもできない巨大な力、それを「本尊」としているのが仏教なのです。

宇宙には法則があります。地球の自転一回分が二十四時間であったり、太陽の周囲を一周すると一年といったようなことは、決して人間が創造したことではありません。そのような、数え上げたらきりがない宇宙の法則や宇宙の真理といったものを、仏教では「法界《ほっかい》」（法界《ほうかい》）と呼んでいます。法界そのものを仏と見て、「法身仏《ほっしんぶつ》」というのです。「毘盧舎那《びるしゃな》仏《ぶつ》」、またの名を「大日如来《だいにちにょらい》」と呼ばれている仏がこれにあたります。

先に、『観音経』は二十八品《ほん》（二十八章）で構成されている『妙法蓮華経』の第二十五品目にあたると述べました。『妙法蓮華経』の二十八品は、前半の十四本を「迹門《しゃくもん》」、後半の十四本を「本門《ほんもん》」と呼んでおります。

「本門」は久遠《くおん》の昔に仏になられた法身仏が説いたもので、「迹門」は久遠の本仏（法身仏）が衆生を導くため、この世に「釈迦如来」となって現れて説いたものとされており、『観音経』は「本門」に属することになります。

仏教の経典は、読めば読むほど底抜けの一大スペクタル巨編となっており、SF巨編の元祖といってもいいようなストーリー展開を見せます。『法華経』も例外ではなく、釈迦は霊鷲山《りょうじゅせん》という山でこの説法をするという設定になっています。この山にはとてつもない数のいろいろな仏や菩薩、その眷属《けんぞく》たちが一大集合します。この場面を映画に撮影しようとすれば、エキストラの予算だけで通常の邦画が何本か作れてしまう費用になるでしょう。

霊鷲山には、釈迦の説法を祝福して鳥が舞い、金色の花弁が散花《さんげ》し、風が音楽を運んでくるといった極楽状態が現出します。その中でも特に不思議な現象が現れます。地上が六度揺れる（六震《ろくしん》）というのです。私が『法華経』を読んだときに最初に疑問に思ったのは、この地上の「六震」でした。地上が六震するということは、六回も地震があったということです。なぜ釈迦が説法をするといういわばおめでたいときに、不吉な「地震が」六回も起こったのだろうという単純な疑問でした。

この「震動」と「六」という数字が大きな意味を持っているのではないかと感じはじめたのは、最近のことです。これについて述べるためには大変多くのことを説明しなければなりません。それはあとの機会に譲ることにしましょう。

# 輪廻転生

人間が生まれては死に、死んでは生まれ変わるという「輪廻《りんね》転生《てんしょう》」の考え方は、仏教の死生観《しょうかん》の基底部にあたるといえるでしょう。『観音経』を理解しようとするとき、どうしても輪廻転生ということを知らなければなりません。そして、輪廻転生を理解するためには二つのことを知っておかなくてはなりません。一つは「十界《じゅっかい》」についてであり、もう一つは「三有《さんう》」（または四有《しう》）についてです。これらについては『生と死の「般若心経」』でも述べているのですが、重複を承知で述べることにいたします。

「十界」とは、いちばん下が「地獄」で最高位が「如来」、人間はその中の六番目にあたるというように、世界を十の位相に配置したものです。このうちの天上界・人間界・修羅界《しゅらかい》・

<table>
<tr><td rowspan="4">四聖（聖者の世界）</td><td>仏</td><td>buddha</td><td colspan="6">さとりの世界</td><td rowspan="4">無漏（さとり）の浄土</td></tr>
<tr><td>菩薩</td><td>bodhisattva</td><td colspan="6">他者と共にさとりを得ようと願を起こし修業したものの世界</td></tr>
<tr><td>縁覚</td><td>pratyeka-buddha</td><td colspan="6">因縁を感じて独りさとりを楽しむ世界（小乗）</td></tr>
<tr><td>声聞</td><td>śrāvaka</td><td colspan="6">仏の教えを聞いてさとる世界(小乗)</td></tr>
<tr><td rowspan="6">六凡（凡夫の世界）</td><td>天上</td><td>deva 〈-gati〉</td><td>すぐれた楽を受けるが、まだ苦を免れられない世界</td><td>喜悦</td><td rowspan="6">六道輪廻</td><td rowspan="3" colspan="2"></td><td rowspan="6">三善趣<br>六趣（修羅を除き五趣）<br>三悪趣（四悪趣）</td><td rowspan="6">有漏（迷い）の穢土</td></tr>
<tr><td>人間</td><td>manusaya</td><td>苦と楽がなかばする世界</td><td>苦楽</td></tr>
<tr><td>修羅</td><td>asura</td><td>海底に住し、嫉妬心の深い世界</td><td>闘争</td></tr>
<tr><td>畜生</td><td>tiryagyoni</td><td>たがいに相手を餌食として生存し、苦の重い世界</td><td>愚痴《おろかさ》</td><td>血塗</td><td rowspan="3">三塗</td></tr>
<tr><td>餓鬼</td><td>preta</td><td>飲食の得られない飢渇の世界</td><td>貪欲《むさぼり》</td><td>刀塗</td></tr>
<tr><td>地獄</td><td>naraka（niraya）</td><td>（八熱、八寒地獄）</td><td>瞋恚《いかり》</td><td>火塗</td></tr>
</table>

五十部令脩著『禅苑雑記牒』（臨済宗連合各派布教師会刊）より

十界の図

畜生界《ちくしょうかい》・餓鬼界《がきかい》・地獄界を「六道《ろくどう》」といい、私たち凡夫はこの六道を生まれ変わり死に変わりしているという考え方が「輪廻転生」という思想なのです。車輪が回るように、命がぐるぐるとこの六道を回転しているわけですが、輪廻転生をしている間は、声聞《しょうもん》・縁覚《えんがく》・菩薩《ぼさつ》・如来《にょらい》という「悟り」の世界に仲間入りすることはできません。この六道の回転から抜け出て悟りの世界に行くことを「解脱《げだつ》」といい、「成仏《じょうぶつ》」というのです。

輪廻転生という考え方は、仏教の発祥の地であるインドに古くから定着していました。仏教がインドで発祥したということは、どういう意味でも仏教がインド的なものの影響を強く受けているということで、輪廻転生もそうしたインド的な発想を仏教が取り込んだものの一つといえるでしょう。インドは自然環境が過酷で、しかも古代からカースト制度という身分階級制度があって人々を縛ってきました。決して生きやすいとはいえないそのような環境は、人々にとって苦の世界と映りました。だから、真実ではあってもいささかネクラな「この世は苦である」というような哲学が生まれたのではないでしょうか。

仏教の哲理では、六道は苦ですからその世界から少しでも早く解脱して成仏し、法界と呼ばれる宇宙の真理の世界に安住することこそが悟りであり、最大の目的とされます。

しかし、現実の私たち日本人の感覚はどうでしょうか。「死んだあとでもう一度人間に生まれたいですか？」と聞けば、多くの答えは「もう一度人間に生まれてきたい」というものだと思います。そのくせ「悟りたい」というのもおおかたの声ではないでしょうか。悟るということは六道輪廻から解脱することです。しかし、解脱したら再び人間に生まれてくることはないのですから、これは仏教的には一大矛盾といえます。

このような日本人の感性は、前に述べた東北アジア人特有のものなのかもしれません。現在生きていることを肯定的に見ているから、この人生を手離したくないのです。本音は不老長寿ということですが、それは無理な願いであることも知っていますから、せめて「死んだあともう一度人間に生まれ変わりたい」と思い、別の次元では悟りも得たいと願う。これは矛盾ですが、これが日本の庶民の宗教（仏教）感覚なのではないでしょうか。

日本人は、いい意味で言えばもっと柔構造的な思考を好みます。あいまいが美徳だというような場合が多いのです。対人関係でも、煮つまりそうになるとだれかが「まあ、まあ」となだめ、結論を濁してしまいます。そういう感覚は、仏教の哲理よりも庶民感情として優先順位《プライオリティー》が上になります。それが矛盾だったら、哲理よりも、矛盾点に対してなんらかの妥協案を提示して、それでうまくいく方法を選ぶのです。ですから、私もこの点に関しては矛盾の提示にとどめ、それ以上のことにはあえて触れずにおこうと思います。

　次に「三有」、あるいは「四有」について記しましょう。まず、人がこの世に生きているときのありようを「本有《ほんう(ゆう)》」といいます。その人はやがて死を迎えますが、その死の瞬間を「死有《しう(ゆう)》」といいます。『チベットの死者の書』でいう「チカエ・バルドゥ（死の瞬間の中有）」です。そして、死んでから次の生を受けるまでの中間的なあり方を「中有」といいますが、前述したように、日本では「中陰」ということばで知られています。「七七忌《しちしちき》」とか「四十九日」と呼ばれる期間で、その間死者の魂は家の屋根から去らずにいるなどという言い伝えもあります。本有と死有と中有を「三有」といいます。

　中有のとき、寺院では「七本塔婆《とうば》」というものを作って葬家に供養するようにさせます。禅門では『開甘露門《かいかんろもん》』（施餓鬼《せがき》で読誦《どくじゅ》する経典）に出てくる「七如来」を板塔婆に書いて墓地に建てます。次の七つがそれで、「俗門式塔婆」と呼ばれます。

　初七忌……南無《なむ》宝勝《ほうしんじ》如来《らい》

二七忌……南無《なむ》多宝《とほうじ》如来《らい》

三七忌……南無《なむ》妙色身《めうしきしん》如来《じらい》
四七忌……南無《なむ》広博身《こうはくしん》如来《じらい》
五七忌……南無《なむ》離怖畏《りふい》如来《じらい》
六七忌……南無《なむ》甘露王《かんろよう》如来《じらい》
七七忌……南無《なむ》阿弥陀《あみだ》如来《じらい》

読み方は『開甘露門』の読誦のときのものに従いました。

さて、その人はやがてなにものかとして誕生（再生）するわけですが、その瞬間を「生《しょう》有《う(ゆう)》」あるいは「始《し》有《う(ゆう)》」と呼びます。三有にこれを加えて「四有」です。このとき、その人は必ずしも人間として再生するとは決まっておらず、生前の行いによって六道（天上・人間・修羅・畜生・餓鬼・地獄）のいずれかに生まれ変わるわけです。

厳密に言えば、「再生」の瞬間と「誕生」の瞬間は分けて考える必要があります。釈迦の母の摩耶夫人《まやぶにん》は、六牙《ろくげ》の白象《びゃくぞう》の夢を見て釈迦を受胎したというエピソードがあり、これを「託胎《たくたい》」と呼んでいますが、この瞬間が再生です。これから十月十日を経てこの世に生まれてくるのが誕生ですから、意味が違うわけです。

話がそれますが、インドでは象を非常にたいせつにします。特に白象は神格化されています。日本では聖天《しょうてん》さまとして知られる歓喜天《かんぎてん》は白象の顔をしていますし、「発菩提心《ほつぼだいしん》」をつかさどる普賢菩薩《ふげんぼさつ》は白像の坐に乗って祀《まつ》られています。発菩提心とは信仰心を発《おこ》させるという意味で、仏教者の根本を形作るということです。普賢菩薩はそれほど重要な役割を担っており、禅寺などに祀られる釈迦三尊の釈迦の脇侍《わきじ》として向かって左側におられます。ちなみに、右側には修菩薩行《しゅうぼさつぎょう》の仏として獅子坐に乗った文殊菩薩《もんじゅぼさつ》が祀られます。

このように、釈迦の託胎は白象を介して普賢と縁を持っています。つまりそれは、釈迦が再生した瞬間、すでに発菩提心を備えていたということを意味するのではないでしょうか。しかし、私たち凡夫の再生はこうはまいりません。六道輪廻のルーレットが回転している中に飛び込んでいくようなものです。六道のどの界(『チベットの死者の書』では「胎《たい》」に入り、再生するかは私たちには不明なのです。

『チベットの死者の書』には、「胎の入口を閉ざす」いくつかの方法が説かれているのですが、その「第一の方法」を引用させていただきますと、次のようになります。

ああ、善い人よ、男女が情を交歓している幻影がこの時に汝に現われるであろう。これを見た時に、その間に入り込んではならない。心に覚えておくべきことは、これらの男女を、御仏男女両尊《みほとけなんにょりょうそん》として心に念じて礼拝し、心をこめて供養を捧げることなのである。

（川崎版・前出）

つまり、胎の入口を閉ざす方法を知らないと、すかさずその胎に飛び込んで再生の道を歩みはじめてしまうのです。入ってはならない胎はいくつもあります。地獄・餓鬼・畜生の「三悪道《さんまくどう》」に入ってしまわないとも限りません。

引用には「男女が情を交歓している幻影が現れる」とありますが、胎に入れば、このときの男女が自分の両親となるのです。少々長くなりますが、このときの様子を同書の解説（二一四ページ）から引いてみましょう。

ああ、汝には父母が情を交わしている光景が現れるだろう。もし汝が男として再生する場合には、〈自分が男である〉との思いが強くなる。そして交歓する父母の父に対しては激しい敵意を生じ、母に対しては嫉妬と欲情を生ずるであろう。汝が女として再生する場合には〈自分が女である〉との思いが強くなる。そして交歓する父母の母に対して激しい羨望と嫉妬を感じ、父に対しては強い愛情と渇仰の気持ちを生ずるであろう。

これが縁になって汝は入胎・再生の輪廻の道に入る。愉楽のなかで汝は意識を失う。胎児はぷくぷくと、ころころに育つ。眼を開けて見るがよい。汝は一匹の子犬としてこの世に戻ってきたのだ。

臨済宗の『宗門安心章《しゅうもんあんじんしょう》』の冒頭には、「万劫《まんごう》にも受け難きは人身《にんしん》・億劫《おくごう》にも遇い難きは仏法なり」（長い時間かかっても、人として生まれることは難しく、無限の時間がかかっても仏の教えと出会うことは難しい）と説かれています。私たちは、幸いにもその受け難い人間の身としてこの世に誕生しました。そのことに感謝の気持ちを抱くのが普通でしょう。以上が「輪廻転生」ということです。

## 小宇宙と大宇宙の観世音菩薩

ここでおさらいをしておきましょう。釈迦《しゃか》が霊鷲山《りょうじゅせん》で説法される折に、地上が「六震《ろくしん》」したと先に述べました。また、この宇宙を限りなく細分化していくと、時空の中に磁気を帯びて震動しているある空間が残るだけとなる（『共振する世界』中村雄二郎著・前出）とも言いました。つまり、そこが「法界《ほっかい》」なのです。なにもない「絶対無」（西田哲学）の空間、「空」の世界なのです。なにもないから清浄《しょうじょう》であり、この絶対清浄・純粋清浄の世界に安住する境涯を「悟り」というのです。私たちはこの境涯を求めているわけです。

六震の解明には、もう少し宇宙と生命の神秘に関する考察が必要ですが、ただ、私には六震の「六」と六道輪廻の「六」が無関係ではないように思えてきています。

仏教には「五大《ごだい》」という考え方があります。この世の中を構成しているものを五つの元素に分けて考えたのです。五つの元素とは空《くう》・風《ふう》・火《か》・水《すい》・地《ち》です。

まず、「空」とは宇宙そのもので、時間と空間です。そこに「磁気を帯びた震えるある空間」が生じます。「震動」とは波であり音であり光です。あるいは電磁波です。そして、これらはすべて波動です。波動の仲間に「風」があることも述べました。風は空気の震動です。こうした総称を、仏教の草創期に、五大の二番目にある「風」と呼んだのでしょう。シンボリックにとらえた言い方なのだと思います。

さらに、「風」が起こるとある空間にエネルギーが生じます。エネルギーの総称は「火」です。エネルギーは空間内の気体に変化を呼びます。それによって化学変化を起こし、ガスが生じます。宇宙の中の数多い星の中には、このガス状態の過程の星があると聞いています。やがてガスが冷えて固体となり、一つの星となります。太陽の子供といわれている地球も、このようなプロセスを踏んで生まれてきたのではないでしょうか。

こうして見てくると、一つの世界が創造されるとき、「震動」が大きな働きをしていることがわかります。ですから、釈迦の説法のときの「六震」とは、一震で天上界を創り、二震で人間界を創りといったふうにして、六震によって、「六道」の世界を創造したことを暗示したのではないかと、私にはそのように思えてならないのです。

そうした震動も含めて、観世音菩薩の「音」とは、そこまでたどりつくことのできる深い意味合いがあるのではないかと考えているのです。「妙法蓮華経観世音菩薩普門品第二十五」は、私たちの五根では観察することのできない死有から中有、生有に至るまでのすべての音を観察して、悲鳴をあげるものがいればこれに救いの手を差し伸べる、そのことをていねいに説いた経典ではないのでしょうか。

「救いを求めるものがあれば、だれでも（普門《ふもん》＝あまねく広き門）観世音菩薩の名を唱えなさい。そうすれば、そのものはたちどころに救われるであろう。だから死出の旅を畏怖することはないのです」

このように観音さまに教えられている気がしてなりません。

おもしろい禅宗の和尚のエピソードをご紹介しましょう。A和尚のもとにB和尚が遊びにいきました。そこでの会話です。

A「やあ、よく来たね。暑くてしかたがないが、元気かね？」

B「おかげさまで元気ですよ」
A「それはなによりだ。で、あんたの観音さまは元気かね？」
B「おかげさまで元気ですよ」
A「それはなによりだ。で、あんた何歳になったね？」
B「五十四歳です」
A「あんたの観音さまはいくつだね？」
B「五十四歳ですよ。ときに、あなたのほうの観音さまはいまどちらにおいでですか？」
A「うん、ここにいるよ」と握りこぶしを突き出して、「このこぶしの中にずっといらっしゃる」

二人は互いにそう言ってうなずき合い、快笑したというのです。禅問答と言われるぐらいに、禅僧同士の会話には難解なものがありますが、このエピソードなどはわかりやすいほうでしょう。観音さまはこのこぶしの中にずっといらっしゃると言い、また観音さまは自分と同じ五十四歳だとも言っていますから、観世音菩薩はそれぞれの和尚の中にいらっしゃると言いたいのでしょうが、実は、観音さまは私たち凡夫の中にもちゃんとおいでになるのです。ただ、私たちはなかなかそのことに気づかないのです。

なぜ私たち自身の中に観音さまがおられるのか。その理由は簡単です。私たち自身が小さな宇宙だからです。いままで、私は大宇宙のことについてのみ述べてきました。そして、その大宇宙に観世音菩薩はおられるのだと解説してきました。しかし、宇宙は一つではありません。どこが果てなのかもわからない巨大な大宇宙と、私たち自身という小宇宙があるのです。

私たちの肉体は、それこそ無数（約六十兆）といっていい小さな細胞のかたまりによってできあがっています。その小さな細胞の一つから見たら、私たちの肉体は、それこそ広大な宇宙ということになるではありませんか。

私たちの肉体も、大宇宙の法則と無縁ではありません。潮（海）の干満というものがありますが、子供の出産は満潮のときが多く、死亡するのは潮が干いていくときだと古人は言いました。満潮のときにけがをすると出血が止まりにくいともいいます。また、人間の体は液体が七割で固体が三割だといわれますが、地球も七割が海で三割が陸地なのです。さらに、女性の生理は二十八日周期ですが、月の満ち欠けも二十八日のサイクルです。

これらはほんの一例にすぎないのでしょう。こうして見てくると、大宇宙の法則に、人間の体である小宇宙も強い影響を受けていると思わないわけにはいきません。

その大宇宙と小宇宙が互いに呼び合い、一つに溶解していく瞬間があります。これが悟りの一瞬で、「入我々入《にゅうががにゅう》」あるいは「感応道交《かんのうどうこう》」と呼ばれます。内（小宇宙）なる観世音菩薩と外（大宇宙）なる観世音菩薩が一つに「入我々入」（感応道交）していったとき、私たちは確実に観世音菩薩に救われたことを強く感じ、「生かされている自分」を感謝することになります。

そして生《しょう》・老《ろう》・病《びょう》・死《し》という四苦《しく》も滅し、老死に対する恐怖もなくなり、異様な妄想に思い悩まされることもなくなるのです。そのときこそ心静かに『観音経』に耳を澄ませて聞き入り、その法のとおりに黄泉路《よみじ》におもむくことができるでしょう。

では、前置きが非常に長くなりましたが、私といっしょに『観音経』を読み進んでまいりましょう。これまでに述べてきたことを記憶しておいて読んでくだされば、決して難しい経典ではありません。しかし、経典は信仰の大本なのですから、どのような一句《いっく》一偈《いちげ》も仏のことばであることを心に刻んでお読みくださるようお願い申し上げます。

# 第二章

# 七難を除く観音さま

# 仏性《ぶっしょう》を磨く

『法華経《ほけきょう》』の中国語訳は、鳩摩羅什《くまらじゅう》訳の七巻（四〇六年訳）以外にも、『正法華経《しょうほけきょう》』十巻竺《じく》法護《ほうご》訳（二八六年訳）、『添品妙法蓮華経《てんぽんみょうほうれんげきょう》』七巻闍那《じゃな》崛多《くった》等訳（六〇一年訳）などがありますが、前述したとおり、羅什訳のものがもっとも流布しております。

『観音経』は、前半部と後半部では文体が大きく変わります。前半部は「長行《じょうごう》」といって散文体で書かれておりますが、後半部は「偈文《げもん》」と呼ばれ、漢詩の形式で書かれています。内容はほとんど同じで、前半に散文で述べたことを、後半また詩（偈文）で繰り返し述べているという構成です。後半の偈文は、「世尊妙相具《せーそんみょうそうぐー》」という一句で始まるので「世尊偈《せそんげ》」と呼ばれています。ルビは読誦《どくじゅ》のときの読み方で振りましたので、漢字一字でルビ一字の場合は「ー」と音引きにして読んでください。
通常、寺院などでも「長行」よりも「世尊偈」の部分だけを読誦するほうが多いようです。理由は、「世尊偈」が詩文であるために韻律《いんりつ》がいいことと、「念彼観音力《ねんぴーかんのんりき》」ということばがあるからでしょう。「念彼観音力」とは、「彼の観音の力を念ずれば」という意味なのですが、読むときにはやはり「念彼観音力」のほうが力が入る気がいたします。
経典の出だしは、多く「爾時《にじ》」もしくは「一時《いちじ》」といった句から始まっています。「観音経を説くべき時期が来たとき」が、「爾時（そのとき）」なのです。

（原文）

**妙《みょう》法《ほう》蓮《れん》華《げー》経《きょう》**
**観《かん》世《ぜー》音《おん》菩《ぼー》薩《さつ》普《ふー》門《もん》品《ぼん》**〔第二十五〕

**爾《にー》時《じー》無《むー》尽《じん》意《にー》菩《ぼー》薩《さー》。**

（現代語訳）

観音《かんのん》の教え

観音経《かんのんきょう》を説くべき時期が来たとき、無尽意《むじんに》菩薩《ぼさつ》は座より立ち上がって右の肩を脱ぎ、合掌《がっしょう》して仏に向かって次のように言われた。「世《せ》尊《そん》よ、観世音菩薩《かんぜおんぼさつ》はどうして観世音というの

即《そく》従《じゅう》座《ざー》起《きー》。偏《へん》袒《だん》右《うー》肩《けん》。合《がっ》掌《しょう》向《こう》仏《ぶつ》。而《にー》作《さー》是《ぜー》言《ごん》。世《せー》尊《そん》。観《かん》世《ぜー》音《おん》菩《ぼー》薩《さー》以《いー》何《がー》因《いん》縁《ねん》。名《みょう》観《かん》世《ぜー》音《おん》。仏《ぶっ》告《ごう》無《むー》尽《じん》意《にー》菩《ぼー》薩《さー》。善《ぜん》男《なん》子《しー》。若《にゃく》有《うー》無《むー》量《りょう》百《ひゃく》千《せん》万《まん》億《のく》衆《しゅー》生《じょう》。受《じゅー》諸《しょー》苦《くー》悩《のー》。聞《もん》是《ぜー》観《かん》世《ぜー》音《おん》菩《ぼー》薩《さー》。一《いっ》心《しん》称《しょう》名《みょう》。観《かん》世《ぜー》音《おん》菩《ぼー》薩《さー》。即《そく》時《じー》観《かん》其《ごー》音《おん》声《じょう》。皆《かい》得《とく》解《げー》脱《だっ》。

でしょうか」と。これに対して、仏は無尽意菩薩にお答えになった。「善男子《ぜんなんし》よ、数限りない衆生《しゅじょう》があって、たくさんの苦しみを受けていても、観音さまの名を聞いて、一心にその御名を称えると、観音さまは直ちにその称《しょう》名《みょう》の音声《おんじょう》を感じて、すべての苦しみから解放させてくれるのです」と。

説法に限ったことではありませんが、ものごとにはすべてタイミングというものがあります。タイミングが合わないときを「間が悪い」などと言います。

説法の場での最高のタイミングとは、どういうときでしょうか。それは、仏が「なんとしても法を説かなくてはならない」と思ったときであり、他方、説法を聞く側も「なんとしても仏に法を説いてもらいたい」と願っているときのことです。この両者の思いがピタリと一致したとき、説かれる法は聞く者の全身に砂地に水をまくように浸透していきます。

この瞬間を、禅では「啐啄同時《そつたくどうじ》」といいます。キジが孵化《ふか》しようとする一瞬に、ヒナが内側から殻《から》をクチバシで突くのを「啐《そつ》」といい、同時に親鳥が外側から殻をクチバシで突いてやることを「啄《たく》」というのです。これは、同時に行われなければならず、早すぎても遅すぎてもヒナドリの誕生には悪影響が出ます。この親鳥を仏や師と考え、ヒナドリを私たち衆生であり弟子と考えればよいのです。

ものごとの指導にタイミングが重要であることは、ビジネスの場でも同じでしょう。上司が部下になにかを教えようとするときに、教わる側の部下の気持ちが退社後の遊びにいっていたり他のことに気を奪われていたとしたら、せっかくの上司の貴重な教えも、「馬の耳に念仏」「猫に小判」「のれんに腕押し」状態になってしまうことは目に見えています。

そんなときは、別の機会をとらえて教えるしかありません。教育とは、タイミングひとつとってもこれほど難儀なものなのです。

ましてや、仏は無量無数の人々に「法」を説くのです。『観音経』でいう「爾時」とは、まさに「絶妙のタイミングを得たとき」というほかはありません。

さて、経典に戻りましょう。「無尽意《むじんに》菩薩《ぼさつ》」を字句どおりに受け取れば「意《こころ》の尽きることの無い菩薩」ということですが、このお方は普賢《ふげん》菩薩《ぼさつ》とともに、衆生の多くがよき仏教徒となるように教化していく役目を担った菩薩です。「普賢」は「普《あまね》く賢《かしこ》き」という意味ですから、両菩薩を続けて読むと「普《あまね》く賢《かしこ》き意《こころ》の尽きることの無い」菩薩となるのですが、はたして両菩薩だけを指してそのようにいっているのでしょうか。

私は、すでに『白隠禅師《はくいんぜんじ》坐《ざ》禅和讃《ぜんわさん》』の冒頭の一句をご紹介申し上げました。「衆生本来仏なり　水と氷の如《ごと》くにて　水を離れて氷なく　衆生の外《ほか》に仏なし」という句です。そう、衆生は仏なのです。そうであれば、「普く賢き意の尽きることの無い衆生（ほとけ）」と受け取りたいものです。もちろん、「本来は」と但し書きがつきます。ですから、私たち衆生はそうした資格を持っているということにすぎません。ペーパードライバーの状態です。それをほんとうに「この身が仏なり」とするためには、実際にクルマを運転して、名ドライバー（仏）になれるように努力しなくてはならないということです。

仏になる資格を「仏性《ぶっしょう》」といいます。仏性を磨いていくこと、それを「修行」といいます。修行とは「修菩薩行《しゅうぼさつぎょう》」の略です。私たちの修菩薩行を見守ってくださる役目の文殊菩薩は、経本と利剣を手にしていらっしゃいます。経本を手にしているのは勉強（修行）しなさいということで、それをサボったら「こら！」と利剣で注意するという意味を持っているのです。ですから、各専門道場には必ず僧形《そうぎょう》の文殊菩薩《もんじゅぼさつ》が祀《まつ》られています。修行中の僧である雲水《うんすい》たちを見守っているのです。

このように、私たちみんなが生まれながらにしてせっかく持っている仏性も、磨かなくては光沢を放ちません。いまみんながと言いましたが、実は仏性というものは、人間だけが特権的に持っているというものではありません。生きとし生けるものすべてが持っているのです。このことを「悉有仏性《しつうぶっしょう》」といい、「山川草木悉皆成仏《さんせんそうもくしっかいじょうぶつ》」（山川草木、皆悉《ことごと》く成仏する）などということばで知られています。

# こだわりを捨て切る

では、そのへんの道端を徘徊《はいかい》している野良犬は成仏するのでしょうか。ある雲水が老師に質問しました。

「ご老師さま、悉有仏性といいますが、あそこを徘徊している汚い野良犬でもちゃんと成仏するのでしょうか？」

「もちろん成仏する」

老師は微笑して雲水に答えました。

次の日に、別の雲水が老師に同じ質問をしました。

「あの野良犬でも成仏できるのですか？」

すると、老師は昨日と同じ質問であったにもかかわらず、ニコリともせずに「(成仏は)しない」と答えてスタスタとその場を歩み去ってしまいました。

質問をした二人の雲水は、野良犬が成仏する、しないで論争となりました。結論が出ないものですから、二人はそろって老師の前に進み出ました。

「ご老師さま、昨日は私に野良犬が成仏するとおっしゃったのに、今日は、弟弟子になぜ成仏しないとおっしゃったのでしょうか?」

「二人ともわからないのか?」

「はい」

雲水はがん首をそろえてうなずきました。

「わからぬのなら教えてやろう。昨日の野良犬については、仏性があると答えたまでだ」

「すると今日は?」

「あの野良犬、昨日と今日では少しも様子が変わっておらん。あの様子では、仏性をたいせつに磨き上げる修行はしておらんらしい。精進《しょうじん》(努力)のない犬にどうして成仏ができようか。そういえば、おまえたちもあの野良犬に似ておるな」

「うへっ」

雲水たちは厳しい老師のひとにらみに会って退散しかけたところ、老師から「待ちなさい」と押しとどめられて、逆に質問を受けました。

「おまえたちはそんなに成仏が知りたいか？」

「できればしたいものと思っております」

「ならば成仏を忘れてみろ。望んでいるうちは決してわかろうはずはない。そんなことばだけの成仏などドブに打ち捨てて、晩飯のしたくにわれを忘れるほど精を出してみることだ。わしがうまいとほめるほどの晩飯を作ってみろ」

火の出る勢いでしかられて、二人は晩飯作りに精を出しましたが、老師はなかなかほめてくれません。一年たち、二年が過ぎ、三年目を迎えても、二人は意地のようになって、なんとか老師にほめてもらおうと料理を続けました。そのうちに七年の歳月が過ぎました。いつしか二人は、老師にほめてもらおうという気持ちも忘れて、ただおいしい料理を作るというそのことだけに夢中になっていました。

あるとき、晩飯を食べていた老師が二人を前にして、「ほう、たいしたものだ」と微笑を浮べました。

「おいしいですか」

二人が身を乗り出したとき、老師はすかさず言いました。

「野良犬だよ」

「あの野良犬、まだうろついておりますか」

そう答えた二人は、その場に黙って平伏しました。野良犬と成仏のことにこだわらなくなるのに、なんと七年の歳月を必要としたのです。こだわらないことと忘却することは同じではありません。修行中である雲水が、成仏という大命題を忘れるはずがないのです。二人が「あの野良犬」と答えているということはまだ忘れていない証拠でしょうが、おいしい料理を作れたということはだいぶこだわりがなくなったということだと思います。成仏という一事にこだわっていたのでは、修行が先に進まなくなるのです。

これは茶道の語ですが、「主客両忘《しゅきゃくりょうぼう》」ということばがあります。小さな茶室の中で、「亭主」「客」という、いわばもてなす側ともてなされる側が一碗の茶を喫するのですが、ほんとうにおいしい茶というのは、もてなすとかもてなされるといった「主客」を双方（両）が忘れ果てて、ひたすら茶の味にひたり切ることだという境涯をいったもので、禅の悟りの境涯に相通ずるものがあるとして重視されていることばです。

野良犬の成仏も同様で、二人の雲水がこだわっているうちは、野良犬にも雲水にも成仏はありません。「犬仏両忘《けんぶつりようぼう》」したときに、逆に雲水も野良犬も「悉有仏性」となるのです。

「野良犬だって宇宙の一員だもの、成仏できるよ」

こだわらずに答える心そのものが、成仏の一瞬なのです。「菩薩即衆生。衆生即菩薩」とこだわらずに言えたときに、はじめて「無尽意菩薩」とはいったいだれなのかがハッキリすると思います。

無尽意菩薩は、仏からいろいろなことを説かれます。こうした立場を、経典では「対告《たいごう》衆《しゆ(う)》」と呼びます。

「偏袒右肩《へんだんうけん》」。右の肩を脱いで、合掌して仏に向かうとありますが、これは仏教（それも特にインド）での礼儀作法です。経典で仏に尊敬を表す場面でたびたび見られます。

経典には、次に「世尊」という語が登場しますが、これは「仏」と同義で、釈迦《しやか》如来《によらい》のことを指します。お釈迦さまは大変多くの呼び名のあるお方で、私も仏教の勉強を始めた当初はずいぶんと面くらいました。思いつくままに列記しましても、「釈迦」「釈尊《しゃくそん》」「仏」「仏陀《ブッダ》」「覚者《かくしゃ》」「無上正等覚者《むじょうしょうとうがくしゃ》」「釈迦如来」「釈迦牟尼仏《しゃかむにぶつ》」「シッダールタ太子」「世尊」「善逝《ぜんぜい》」……とあります。おそらくまだあると思います。

「世尊よ、観世音菩薩は、なぜ観世音というのですか？……」という無尽意菩薩のことばが続きますが、このことについては何度も述べてまいりました。

それに対して、仏は「善男子《ぜんなんし》よ」と呼びかけられます。女性は「善女人《ぜんにょにん》」と呼びます。まれに「善知識《ぜんちしき》」という語を用いる人がおられますが、これは僧侶に対する尊敬語として用いられることが多いようで、「あのお方は、すばらしい善知識でございますよ」といったように使用されます。間違っても、私はそのようには呼ばれません。

「数多くの苦しんでいる人々がいても、観音さまのみ名を聞いて一心にそのみ名を称えると、観音さまはただちにその称名の〝音〟声を感じて（観察して）、すべての苦しみから解放させてくれるのです」

やはり「音」だったのですね。観音さまは音を聞いて直ちに行動して救ってくださるというのです。

さて、ここで問題なのは、「数多くの苦しんでいる人々」です。すでに繰り返して述べていることですが、『観音経』は私たち現世を生きている人間にとっても重要で、日々お唱えしなければならない経典ですが、それと同時に、生きていることと地続きである「死後」の人々についてもお唱えされる経典です。そのことはすでにくどいまでに述べてきております。

「人生は旅である」とは、よく言われることばです。人生といえば当然現世を生きている人々のことを想像しますが、同様に、死者も「死後の世界」を旅しているのです。そうした生者と死者の両者を含めた旅人たちが苦しんだときに、思わず唱える称名が「観世音菩薩」であり、その「音声」を観じて救ってくださるのが観音さまであると受け取りたいのです。

# 事釈と理釈

若《にゃく》有《うー》持《じー》
是《ぜー》観《かん》世《ぜー》音《おん》菩《ぼー》薩《さー》名《みょう》
者《しゃー》。設《せつ》入《にゅう》大《だい》火《かー》。火《かー》不《ふー》
能《のう》焼《しょう》。由《ゆー》是《ぜー》菩《ぼー》薩《さー》威《いー》
神《じん》力《りき》故《こー》。若《にゃく》為《いー》大《だい》水《すい》
所《しょー》漂《ひょう》。称《しょう》其《ごー》名《みょう》号《ごう》。即《そく》
得《とく》浅《せん》処《しょー・じょー》。若《にゃく》有《うー》百《ひゃく》千《せん》
万《まん》億《のく》衆《しゅー》生《じょう》。為《いー》求《ぐー》金《こん》。

「もし観音さまのみ名を称《とな》えるものがあれば、たとえ火の中に入ることがあっても、火に焼かれることはない。この菩薩《ぼさつ》の優れたお力によるからである。もし大水に漂うようなことがあっても、み名を称えるものがあれば、すぐに浅いところへ逃れることができます。

もし数限りない衆生《しゅじょう》がいて、金、銀、瑠璃《るり》、

銀《ごん》。瑠《るー》璃《りー》。硨《しゃ》磲《こー》。碼《めー》碯《のう》。珊《さん》瑚《ごー》。琥《こー》珀《はく》。真《しん》珠《じゅー》等《とう》宝《ほう》。入《にゅう》於《おー》大《だい》海《かい》。仮《けー》使《しー》黒《こく》風《ふう》吹《すい》其《ごー》船《せん》舫《ぼう》。飄《ひょう》堕《だー》羅《らー》刹《せつ》鬼《きー》国《こく》。其《ごー》中《ちゅう》若《にゃく》有《うー》乃《ない》至《しー》一《いち》人《にん》称《しょう》観《かん》世《ぜー》音《おん》菩《ぼー》薩《さー》名《みょう》者《しゃー》。是《ぜー》諸《しょー》人《にん》等《とう》。皆《かい》得《とく》解《げー》脱《だつ》羅《らー》刹《せつ》之《しー》難《なん》。以《いー》是《ぜー》因《いん》縁《ねん》。名《みょう》観《かん》世《ぜー》音《おん》。

硨磲《しゃこ》、碼碯《めのう》、珊瑚《さんご》、琥珀《こはく》、真珠などの宝を求めようとして大海に入り、にわかに暴風に襲われて、舟が食人鬼《しょくにんき》の国に流されても、そのうちの一人でも、観音さまのみ名を称えるものがあれば、他《ほか》の人々は食人鬼より危害を加えられることなく、無事に宝を得て帰ることができます。このために観世音というのです」

この一節を読みますと、観音さまというのはとんでもない神通力を持っておられることになります。当節流行の超能力者どころの騒ぎではありません。ほんとうにこんなことができるのかということばかりです。

ここでは、難が三つ出てまいります。

一、火の中に入っても、焼かれることはない（火難《かなん》）。

二、大水に漂うことがあっても、浅瀬に逃れることができる（水難《すいなん》）。

三、暴風に出会って食人鬼の国に流されても、食人鬼に危害を加えられることもなく、無事に宝を得て帰られる（羅刹難《らせつなん》）。

こんなことは、奇術ではないのだからできるはずがないとお思いの方もおられるでしょう。奇術ならトリックがあり、タネあかしをしたら「なーんだ」ということになりますが、『観音経』に説かれてあることが奇術であるはずがありません。だとしたら、なおさら不思議です。現実離れしたことばかりが、この先にもずらりと出てまいります。

ですから、『観音経』を浅い観点から読んでしまうと、「なんだか奇妙なお経だな」という感想を持ってしまいます。その意味では、『観音経』は誤解を招きやすい危険な経典でもあるのです。あるいは、もう少し深く読んでいただいても、「火事になっても助けてくれるし、大水になっても助けてくれるというが、神頼みばかりで、現世利益《げんぜりやく》専門のお経ではないか」と誤解されかねない要素を持っていることも確かです。

けれども、経典には二通りの読み方といいますか、解釈のしかたがありまして、その作法に従って読み進んでいくと、経典の真の意味と奥行きの深さが理解できてまいります。二通りの解釈のしかたとは、「事釈《じしゃく》」と「理釈《りしゃく》」です。「事釈」とは経典を文字どおり素直に読んで解釈していくこと、「理釈」は経典の文言の背後にある本質を解釈して読み進んでいくことです。

こうした解釈のしかたがあるというのは、経典にはどちらかというと間接話法の表現が多いからだと思います。譬喩《ひゆ》や説話といいますか、挿話《エピソード》が多用されており、譬話《たとえ》によって仏教の真理を巧みに表現しているのです。

例えば、「甘露《かんろ》なる雨は薬草にとってもたいせつな栄養であるが、雑草にとっても栄養なのである」(「法華経薬草喩品《ほけきょうやくそうゆほん》」挿話の大意)という文言があったとき、字句どおりに受け取って、「なるほど、雨とはたいせつなものだ」と思うこともできましょうし(事釈)、さらに踏み込んで雨を「仏の法」と解釈(理釈)すれば、「法は薬草という有益なものたちにもたいせつだが、雑草である私たち凡夫(衆生)にはさらにたいせつな栄養ではないか。仏の法とは広く平等なものなのだ」と解釈することもできるのです。

『観音経』も、このような二通りの解釈（事釈・理釈）をしていくと、ずいぶん異なったものになっていきます。

「火難」「水難」「羅刹難」を事釈として受け取ると、火事のときに一心に「南無観世音菩薩」とお称《とな》えしたらボヤですんだとか、類焼から逃れたとか、家族が全員無事だったとかということになります。

実際そういう話を聞いたこともありますし、大難が小難ですんだというような話を聞くこともありますが、これは文言《もんごん》どおりに受け取って、疑いを抱かなかった「信仰の勝利」というものなのではないかと思います。

「水難」も同様ですし、「羅刹難」にしても、現代では食人鬼以上に怖いものがいくらでもいますから、そうした難から信仰という理屈抜きの力で逃れ切っていくという意味では、私はこの「事釈」という解釈がいちばん好きです。

これから先の章の事釈にあたっても、それぞれの方が信仰の度合いに応じて文言どおりに読み進んでくだされればよろしいのですから、あえて注釈はしないことにしましょう。

しかし、「理釈」についての解説は幾分必要であろうかと思います。例えば火難を理釈する場合、まず「大火」を譬喩であると考えます。経典を読んだ人の心の動きとみるのです。なんらかの苦しい出来事によって、その人の心の中に大火が生じているのです。それは借金かもしれませんし、恋人との仲がもつれたのかもしれません。あるいは家庭の不和か、病気か、失業かもしれません。いずれにしても心の中が燃え上がり、平静ではいられない状態です。彼はできればその火難から早く逃れたいと思い、心の「火宅《かたく》」を消火したいと願います。

その人は思わず「南無観世音菩薩」と称名しました。すると、不思議なことに落ち着いた気持ちが得られたので、さらに一心に観音さまの名号を称えました。すると、乱れに乱れていた心に平静が戻ってきたのです。平静になってみると、難題に対処する方法も見つかりました。彼は心の火難からみごとに逃れたことになります。これも観音さまのおかげということになるのではないでしょうか。

現在を生きている私たちの中には、必ず「もう一人の自分」が住んでいるはずです。私たちは、そのもう一人の自分と心の中で鏡を見るように対面してみることが必要です。ある困難(『観音経』では七難として出てきますが)に直面したとき、人は必ずといっていいほどこのもう一人の自分と対面することになります。

すでに前の文章で、和尚二人の会話として、観音さまの年齢と住んでいる場所について詳述していますが、それともう一人の自分ということばはピタリと一致してくるはずです。観音さまとはもう一人の自分そのものであるともいえるのです。このことは後章にも詳述を余儀なくされるところがありますので、ここではこの程度にとどめます。

つまり、『観音経』を理釈で読むと、経典の中の挿話は譬喩であることが多く、その譬喩は私たち（生きている者）の心の複雑な動きを正確にとらえ、必要な教えを説いてくれているのです。そして、私たちの複雑な心の動きの中心部には必ず「もう一人の自分」がいて、それこそが実は観世音菩薩そのものなのです。

しかし、人間には死があります。私たちが死者となったとき、観音さまは「もう一人の自分」であるとは言いにくくなります。これについては、拙稿の構成上次節で述べることにして、まず先に進みましょう。

次は「羅刹難」についてです。「数限りのない衆生がいて、金、銀、瑠璃、硨磲、碼碯、珊瑚、琥珀、真珠などの宝を求めようとして大海に入り……」とありますが、これも「理釈」で読めば、私たちの心の動きです。

ここに登場してくる八つの宝、衆生はこれがほしくて大海に入る（航海＝旅）のです。人は生きているとき、人生という旅をします。そして死んでからも、成仏するまで旅を続けます。『観音経』でいう旅とは心の旅です。八つの宝というのも当然譬喩です。

金銀から真珠に至るまでの八つの宝物は、『観音経』ができたころのインドでも貴重品だったに違いありません。しかし、『観音経』で説いている宝とは、私たちにとって現実の金銀や真珠などよりももっと価値のある宝物なのです。なぜなら、八つの宝とは「心の宝物」のたとえだからです。

その心の宝物とは、「八正道《はっしょうどう》」を指します。八正道を説明するためには、釈迦の説いた「四諦《したい》の法門」に触れなくてはなりませんので次に述べてみましょう。

## 煩悩は苦の原因

釈迦は、世の中の実体・実相を、「苦諦《くたい》」「集諦《じったい》」「滅諦《めったい》」「道諦《どうたい》」の「四諦《したい》」にあると説いています。でも、この言い方では仏教の専門用語ばかりでとてもわかりにくいですね。

仏教は難しいとよく言われます。それにはいろいろな理由があるのでしょうが、その一つに専門用語があげられると思います。しかも、宗派によってさらに専門の専門があるといった具合ですので、入門者にはなにがなんだかわからないのが当然です。

また、悪いことに理屈よりも実践だという考え方が一部の宗派や僧侶の中にあり、親切に理解させようとしません。加えて僧侶の中には位階至上主義を好むものも少なくありません。衣の色に執着するのです。僧侶の衣の色は、柔道などの帯の色、軍人の肩章の星の数と同じ意味を持っています。色によって僧侶の位階がわかる仕組みになっているのです。

ほんとうは、そんな権威などという幻影を真っ先に捨て去らなければならないのが僧侶なのですが、現実はそのようにはまいりません。教団という集団社会を形成した時点で、本来の出家の意味は失われてしまったのかもしれません。僧侶本来の姿に立ち戻らなければならない時期はとっくの昔に来ているのに、これほど自己改革のできない「業界」も珍しいのではないかと思います。

横道にそれましたが、そうしたわけで、「事相家」（実践家＝僧侶）には理屈は嫌われます。それよりも、日常や法儀でのお作法こそが重要だということになっていきます。つまり、仏教界にはなんとなく旧日本軍の内務班的な体質があるのです。もちろんこうした体質に内心では反発を覚えている僧侶たちもたくさんいるのですが、今後、若い僧侶たちがこのような体質をどうやって改革していくのか、期待するほかはありません。

そんな中で、僧侶が用語一つ覚えるのも大変なことなのです。実践の中で一つひとつ覚えていくほかありませんから、十年ぐらいはすぐに経過してしまいます。とてもではありませんが、経典の勉強どころではありません。

そのうえ、仏教用語は漢字一つが持っている意味合いがとても深く、「覚」「空」「無」「成仏」などということばだけで優に一冊の本が書けるほどです。経典の中にはそんな文言がゾロゾロと登場するのです。これを解説するとなったら容易ではありません。仏教は理解しにくいはずです。

「四諦の法門」もそうした専門用語の一つです。これは、『般若心経』の中では「苦《く》・集《じゅう》・滅《めつ》・道《どう》」という語で説かれています。釈迦は、この世の実相を「苦」であると見抜かれました。つまり生《しょう》・老《ろう》・病《びょう》・死《し》の「四苦」であり、これを「苦諦」といったのです。

人間は、生まれて生きていくだけでも相当の苦しみを得るうえに、老いの苦しみ、病の苦しみ、そして死の苦しみを得るというのです。かなりネクラな発想ですが、これは厳然たる真理です。ですからネクラだといって目をそむけるわけにもいきません。だれでも必ずこの四苦の門を平等に通っていくのです。

釈迦は、これらの苦はいったいどこから来るのかと考えました。その結果、それは楽しく生きたい、おいしいものを食べたい、きれいなものを着たい、年を取りたくない、病気をしたくない、死にたくない、長生きをしたいといった欲望から来るということに気づきました。これらの欲望を「煩悩《ぼんのう》」といいます。「煩《わずら》わしき悩み」という意味です。釈迦はこの煩悩の集合体が苦を生み出すのだと苦の原因を究明された。それが「集諦《じったい》」です。

次に、それならその煩悩を「滅」すればよいではないかと、「対処の原理」を究められました。それが「滅諦《めったい》」です。これで煩悩を滅すれば苦もまた滅するということはわかったのですが、現実にはどのように対処したらよいのでしょう。その臨床的な処方の「道」を示したものが「道諦《どうたい》」と呼ばれるのです。道は八つあり、それを「八正道」といいますが、それは先ほど『観音経』で宝物として例えられた八つに該当します。その「八つの正しい道」を持ち続ければ、煩悩は消滅して苦しみもまた消え去るというのです。

次に記しておきましょう。だれにでも実践できそうなことばかりです。

【八正道】

一、正見《しょうけん》……………正しくものを見る。
二、正思惟《しょうしゆい》…………正しくものを考える。
三、正語《しょうご》………………正しくことばを語る。
四、正業《しょうごう》………………正しい行いをする。

五、正命《しょうみょう》…………正しい生活をする。
六、正精進《しょうしょうじん》………正しく目的に向かって努力をする。
七、正念《しょうねん》…………常に仏道に思いをこらす。
八、正定《しょうじょう》…………正しく心を集中安定する。

どうです。簡単でしょう。しかし、とうてい私には実践できません。どれ一つとっても心の宝物ではありませんか。まさしく心の金、銀、瑠璃、硨磲、碼碯、珊瑚、琥珀、真珠です。これらの宝物を求め、多くの衆生が心の旅をして大海に入ったのですが、「にわかに暴風に襲われて、旅人たちの乗った船が羅刹（食人鬼《しょくにんき》）の国に流されてしまった」というのです。これはなにを意味するのでしょう。羅刹難という七難の一つなのですが、これも衆生の心の中の動きの譬喩と考えられます。

正しい道を行くというのは、一見簡単そうですが、実は大変に困難なことなのです。そのために、聖人と呼ばれるような人たちも厳しい修行を積んできました。しかし、その修行の途中ではいろいろな苦難に出会います。

正しいことをしようとしたときに、必ずその行いが実行できるとは限りません。悲しいことではありますが、人間には損得の計算も起こります。だれかがやってくれるだろうという依頼心もあるでしょう。また、他人から「そんなことをしてどうするんだ。もっと楽しくやろうぜ」などという誘惑もあります。こうした困難を、「食人鬼の国に漂流した」と表現したのです。正しいことをじゃまする「自分の内なる食人鬼」です。正直言って、正しいことをやめてしまおうという気持ちはだれの心の中にもあるものです。

人間は右の手に仏を握り、左の手に悪鬼をつかんで生きています。そして、左右どちらの手もまぎれもなく自分自身です。左手の悪鬼の誘惑に負けるのか、右手の観音さま（仏）に救われるのかは本人次第なのです。

そこで「南無観世音菩薩」と右手の仏のみ名を称えれば、その旅人たちは必ずや「羅刹難」から救われると『観音経』は説いています。おおぜいの人が一度に称えなくても、中の一人が称えるだけでも救われるというのです。なぜなら、おおぜいの人もたった一人の人も自分自身の心の中の人たちだからです。

ここまでは、生きている人たちにとっての『観音経』の理釈でした。しかし、「死者」にとってはどうなのでしょう。そのことを次に考えてみましょう。

## 生死はクレッシェンドとデクレッシェンド

死者は生者と同じように旅に出ます。「黄泉路《よみじ》」の旅で、目的地は成仏の地である「法界《ほっかい》」です。法界とは「宇宙の法則である真理の地」で、その地を神格化して「法身仏」と呼んだのでしたね。そこは時間と空間だけしかない絶対的に浄いところで、純粋清浄の地です。「無相」であり「空相」のところです。わずかに磁気を帯び、わずかな振動のあるところで、仏が住する「成仏」の場なのです。

これらのことはすでに学びました。死者はそういうところに旅立つのですが、途中どんな困難が待ち受けているかもしれません。生物には「輪廻転生《りんねてんしょう》」という一つのサイクルがあることも学びましたが、その途中の困難についても見ていきましょう。

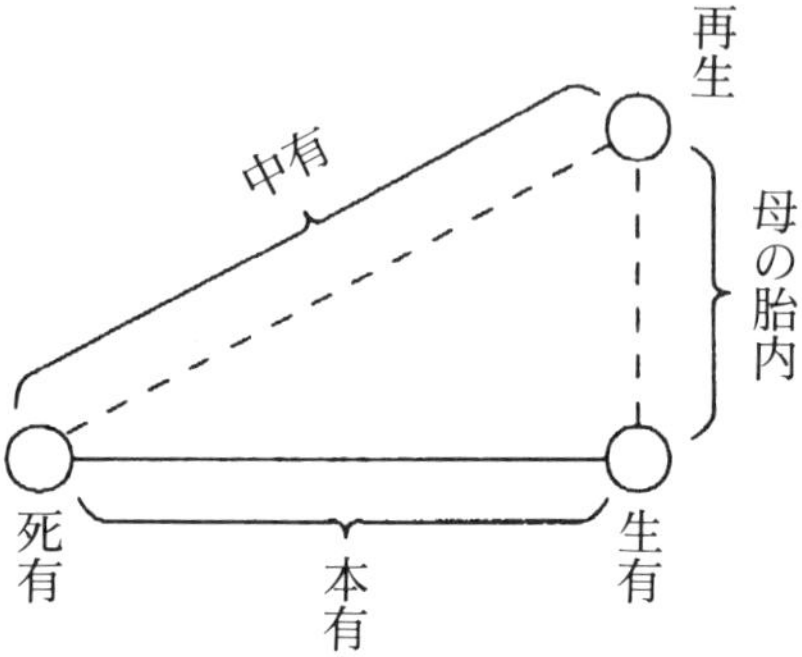


生き物は、「生有《しょうう（ゆう）》」（誕生）、「本有《ほんう（ゆう）》」（今生を生きる）、「死有《しう（ゆう）》」（死の瞬間）、「中有《ちゅうう（ゆう）》」（中陰《ちゅういん》ともいい、次《じ》生《しょう》を得るまでの中間的な期間）、「再生」（次生を託す瞬間）、そして次生を得る「生有」（二サイクル目）へとつながっていくのでしたね。それを図にすると、上のようになります。

まず「生有」の話をいたしましょう。これは誕生の瞬間ということですが、母の胎内で成育している間もその期間に算入するのかどうかは意見の分かれるところです。

私たちは「再生」の段階で人間の子宮を選び、再び人間として生まれてくることができたのですが、そのとき私たちは、十界の中の天上界・人間界・修羅界・畜生（動物）界・餓鬼界・地獄界の六つの子宮（六道＝

六趣《ろくしゅ》ともいう）から人間の子宮を選んだのです。

この六道輪廻のサイクルから抜け出ることを「解脱《げだつ》」といい「成仏《じょうぶつ》」と呼びますが、私たちはそれができず、再び人間の子宮に宿ったというわけです。

その際、中有の中の霊である私たちは、両親の交合する姿の幻影を見、母の胎に宿ったのです。それから十月十日を経て「生有」である誕生の瞬間を迎えるのですが、その前に、十月十日の間に私たちは母の胎内でどのような成長のしかたをするのか、ぜひ知っておく必要があります。

『胎児の世界――人類の生命記憶』（三木成夫著・中公新書）では、胎児は母の胎内に宿った瞬間から誕生の瞬間までの期間に、それこそ、プランクトンのような状態から成長し、魚類から陸に上がった両生類、そして、やがては猿、類人猿、人類というように、生物の進化過程をすべてたどってくるのだというのです。つまり、母親の胎内こそなにを隠そう宇宙そのものなのです。このことを知ったときに、私は大きな感動を受けました。何万年もの進化の過程を、胎児はたった十月十日で体験してくるというのです。

そして誕生の瞬間を迎えます。出産は女性の命がけの一大事業です。文字どおりの産みの苦しみがあるわけですが、この苦しみは、男性である私には実感として理解できません。女性はなぜあんなに苦しい思いをすることがわかっていながら、子供をほしがるのだろうと思うことさえあります。

出産の瞬間は、母親が命がけであるのと同様、誕生してくる新生児にとっても生命のかかった大事業です。母の胎内にいるときは、胎盤からへその緒を通じて栄養を受け、羊水の中に漂っているので、呼吸も自力でしているわけではないのですが、誕生と同時に自分で肺呼吸をするようになります。そのときにあがるのが、大きな産声というわけです。産声は誕生のなによりの証明なのです。

新生児が胎内から窮屈な母親の産道を通ってくる苦しさは、母親の激痛と同様相当なものだといいます。これを音楽に例えれば、ピアニシモからフォルテシモにクレッシェンド（次第に強く大きくなっていく）していく状態だといえましょう。

私たちが死ぬときには、これと逆のことが起こります。生命がフォルテシモからピアニシモにデクレッシェンド（次第に弱く小さくなっていく）していくのです。このデクレッシェンドしていく期間が「臨終」です。この期間に病気療養中は含まず、生命の炎がローソクのように終息していくときに限られます。

誕生してくるときに生命をかけた苦しさがあったように、臨終にも苦痛が伴います。肉体の苦しさは、ある程度薬品によって押さえることができるでしょう。現代医学の進歩はまことにありがたいもので、こうした死の苦しさから私たちを解放してくれている部分があるのですが、しかし、その救いはあくまでも肉体の苦痛でしかありません。いかに進歩の著しい現代医学であっても、精神的な苦しさまでは救い切ってくれません。

臨終時の苦しさは、その人のそれまでの人生と深くかかわってきます。その人が救いのあるいい人生を送ってきたか、あるいはその逆だったのかで、臨終時の苦痛はかなり変わるものだといいます。

人が黄泉路《よみじ》におもむくときを、道元禅師《どうげんぜんじ》は次のように説いておられます。

無常忽《むじょうたちま》ちに到るときは国王大臣親暱《しんじつ》従僕妻子珍宝《ちんぽう》たすくる無し、唯独《ただひと》り黄泉《こうせん》に趣《おもむ》くのみなり、己《おの》れに随《したが》い行くは只是《ただこ》れ善悪《ぜんあ(な)》業等《くごっとう》のみなり。（『修証義《しゅしょうぎ》』）

「無常」とは常無らずと書きます。目に見える世界を「色《しき》」といいますが、色は必ず変化します。無常とはそうした移り変わっていく世界で、生命が矢のように過ぎ去って寿命は終わりを告げるということです。それは当然死を意味します。その死がたちまちのうちに到来するということです。

そうしたときに、国王であろうが大臣であろうが、上司や同僚や部下たちであろうが、さらには妻子や財宝であろうが、だれも助けてはくれません。たった一人で死地におもむくほかはなく、死にゆく自分についてくるものは、過去の善い所行、悪い所行だけなのだと説いておられるのです。

## 人は死んだらどこへ行くか

人間はだれでも、必ず善い行いと悪い行いをしてきているものです。意図的な行いもあれば知らずに行っているものもあるわけですが、人が死ぬとその善行（業）と悪行（業）とを計量されるというのです。死んで亡者になると、三途《さんず》の河《かわ》の先の「衣領樹《えりょうじゅ》」という大樹の下に集められます。衣領樹の陰には二鬼が待っています。老爺《ろうや》と老婆《ろうば》で、老婆を「奪衣《だつえ》婆《ば》」といい、老爺を「懸衣翁《けんねおう》」と呼びます。奪衣婆を別名「三途河婆《しょうずかばばあ》」ともいいます。彼らは地獄の最初の門番です。その役割を記しておきましょう。

その前に、冥界《めいかい》(地獄)のシステムを説明しておかなくてはなりません。地獄のことは『往《おう》生要集《じょうようしゅう》』（源信撰述《げんしんせんじゅつ》）に詳述されており、後世に至ってもほとんどは『往生要集』に説かれているることを踏襲しているといってよいでしょう。したがってそれによると、人は死んで冥土に旅立ち、途中「六道《ろくどう》の辻《つじ》」と呼ばれる岐路に至ります。亡者はどの道を選んでいいかわからず、手にしている杖を倒して道を選びます。その杖は必ず「業報《ごっぽう》」(善悪の報い)のおもむくべき方向に倒れ、六道のうちの一つの道が決定するというのです。

六道とは、地獄・餓鬼・畜生・修羅・人間・天上という私たちが輪廻《りんね》する世界のことで、このうちの地獄・餓鬼・畜生の三つの世界を「三悪《さんあ》(な)道《くどう》」といいますが、その三悪道を分ける川を「三途の河」と呼ぶのです。

三途の河を渡るときは、生前に犯した罪の軽重で渡る場所が決まっています。これには二説あり、浅瀬(山水瀬)、深いところ(江深瀬)、橋のあるところ(有橋渡)の三か所という説と、暖流・中流・急流という三種の水流の違う場所という説があります。

そのようにして苦労しながら三途の河を渡り切ると、くだんの奪衣婆と懸衣翁が、衣領樹の陰で亡者の到来を待ち受けているのです。奪衣婆は、亡者の盗みの行為を戒めて両手の指をへし折り、着ている衣類を脱がせて奪い取ります。それで奪衣婆と呼ばれるのです。懸衣翁は、亡者の礼節のない態度を憎んで頭と足を一つに畳んでしまうのです。そして奪衣婆が奪い取った亡者の衣類を衣領樹の枝に懸けます。すると、亡者の生前の罪の軽重に比して枝がしなるのです。懸衣翁はこの計量を見て閻魔王の王庁に送り込み、亡者は閻魔王庁の裁判所で徹底的に裁かれます。

これまでの記述は、『禅苑雑記牒《ぜんえんざつきちょう》』（五十部令脩著・臨済宗連合各派布教師会）を参考にしてまいりましたが、もう少し同書のお力を拝借いたします。

閻魔王の裁判では、「善悪人頭杖《ぜんあくにんずじょう》」（棒の先に二つの首を載せた杖）を持った「同生神《どうしょうじん》」と「倶生神《くしょうじん》」が亡者の背後に立っています。「同生神」は男性で、亡者の悪行の数々を記し、「倶生神」は女性で、善行の一切を記しています。「同生神」は亡者が生まれるのと同時に生まれ、「倶生神」は亡者の生前、一刻も亡者から離れずに倶《とも》に生きてきました。これでは亡者の生前の行いはすべて知られていることになります。

この二神は、ほかでもありません、亡者自身の投影ということでしょう。二神が善悪行のすべてを読み上げます。つまり自己申告ということになるのでしょうが、一切の虚偽は許されません。読み上げられた悪事の一切は、「浄玻璃《じょうはり》の鏡」に再現されます。その結果、閻魔王の審判が下されて、審判に従って罪のある亡者は地獄に落とされるのです。

地獄は、梵語《ぼんご》でナラカ（奈落迦）といいます。それが略されて「奈落」となり、「奈落の底」などといわれたりするようになりました。地獄は通常「八大地獄」と呼ばれておりますが、ここでは名称だけを述べておきましょう。

一、等活地獄……………殺生の罪を犯したものが落ちる。
二、黒縄《こくじょう》地獄……………殺生、盗みのもの。
三、衆合《しゅごう》地獄……………殺生、偸盗《ちゅうとう》、邪淫《じゃいん》のもの。
四、叫喚《きょうかん》地獄……………殺生、偸盗、邪淫、酒乱のもの。
五、大叫喚地獄……………右の四罪と妄語《もうご》のもの。
六、焦熱《しょうねつ》地獄……………右の五罪と邪見のもの。
七、大焦熱地獄……………右の六罪と尼を犯したもの。
八、阿鼻《あび》（無間《むけん》）地獄……父母殺害、仏を傷つけたりする罪、五逆十悪、仏法謗法《ぶっぽうほうぼう》等、救いようのない極悪者。

これらの死後の世界は、日本のごく一般の間にも広く伝えられてきたことで、「だから悪いことはするな」という教えにもなっていました。私なども、子供のころからだれに教わるともなく耳の底に残っております。

こうして地獄のシステムを見ていきますと、亡者、つまり死者の旅というものは相当つらいものがあります。孤独極まりない旅であり、生前の滅罪の旅の様相も呈しています。

このような考え方に対抗するように、「極楽《ごくらく》」というものがあります。人間は死んだら、だれもがなんの差別もなく阿弥陀如来《あみだにょらい》のおわす極楽浄土に往生するのだという思想です。こうした考え方の宗教を、仏教では「浄土教」と呼びます。死後の世界は、人間の力など及ばない世界である。ならば、極楽浄土の本尊である阿弥陀如来のお力をトコトン信じて救っていただこうという考え方で、他者である阿弥陀の力のみを信じるところから「他力本願」ともいい、「浄土門」という呼び方もいたします。

対して、自己の究明、自己の確立というところに主題を置き切る、例えば禅門のような宗派を、「自力本願」といったり「聖道門《しょうどうもん》」と呼びます。

これらは、仏教における大きな二つの流れといっていいでしょう。どちらが正しいと論ずる種類のことではありません。信仰上の個性の問題だと思います。それは、仏教、神道、キリスト教といった大きな宗教上のフィールドにおいても同じことではないでしょうか。

私は仏縁をいただいて釈迦のお弟子の端にチョコンと置いていただいておりますが、宗教は国家のものでもなければ団体のものでもありません。家族単位のものでさえなく、絶対的に個人個人のものなのです。

「自力」「他力」という分類のしかたを、私は奇妙なものとして受け取っています。他力の中にも自力の部分がありますし、自力の中にも仏にすがる他力の部分があるからです。浄土門も聖道門も、突きつめれば同じ仏道であると思います。「南無阿弥陀仏」と仏の名号を称えながら坐禅を組んでもいいのではないでしょうか。念仏と坐禅を正確に分ける必要はありません。「念禅一如《ねんぜんいちによ》」です。

中国には、そのような修行法の寺院があるとも聞いています。その寺院には「虎角《こかく》」の文字があるとのことです。禅という修行から真髄を得たものは虎のように強いのですが、その虎が念仏という角を得たらもはや無敵で、最勝最強だというのです。私は「虎角」ということばが好きで、自坊（願行寺）の書院に「虎角庵」の名をつけたくらいです。これは、自力・他力の垣根を払って、双方のすばらしい点を得るに越したことはないという私の思いの表現でもあります。

人は、死んだらすべて阿弥陀如来の腕に抱かれて極楽浄土に逝《い》くのだという信仰、これはこれですばらしいし、なにも反論すべきものはありません。仏の慈悲と智慧を全身全霊で信じ切っていくのです。信じ切る力の前には、なにものも手出しはできません。閻魔大王だって、ひたすら阿弥陀如来を信じ切っているものを裁きようがないではありませんか。

ただし、信じる心に少しの疑念があっても、この信仰は破れます。阿弥陀如来を身心で信じ切るとは、自身が阿弥陀如来になり切ることを意味します。信じ切る力で阿弥陀如来に「入我我入」することです。この信じ切る力と、「禅定《ぜんじょう》」によって悟るのとどこが違うというのでしょう。まったく同義です。

そのうえで、死後には地獄があると教え、生前の生き方を戒めていくこと、これにも仏の慈悲と智慧を感じないわけにはいきません。

人間にとっての最大の財産は「想像力」です。想像力が根源となって、科学、医学、文化、芸術を生み、変革させ、破壊させ、次のものを生み、進歩させてきたのです。宗教といえども、想像力を外して論考することはできません。

仏教の本尊である「宇宙の法則・真理」(毘盧舎那仏《びるしゃなぶつ》＝大日如来《だいにちにょらい》)は、人間のあらゆる営みを超越して存在しています。例えば、私たちの住む地球が消滅しても、宇宙そのものにとっては小さな出来事にすぎず、宇宙自体は久遠《くおん》に存在し続けるでしょう。それが法界《ほっかい》であり、神格化して「法身仏《ほっしんぶつ》＝法王身」と呼ばれるのです。だから「法身仏」(宇宙の真理)は、その存在自体が最勝の慈悲と智慧を備えたものなのです。これを「法界体性智《ほっかいたいしょうち》」と呼び、智慧の根源と見るのです。

ですから、ニーチェのいう「宗教《かみ》は人間が創った」という考えは、私にはなじみません。人間は神仏の存在を「発見」させていただいたのです。発見することができたのは、神仏からたまわった人間の想像力によってです。

ほかのことは「雑事」です。仏教、神道、キリスト教等々とを問わず、宗教には雑事が多すぎます。雑事は「法界体性智」が創造したものではありません。人間の知恵が造り出したものにすぎず、それゆえ自分たちの都合を主張して、仏教、神道、キリスト教等の宗派に意見が分かれるのです。ときには意見の分岐が宗教戦争まで生み出します。愚かなことです。

## 想像力を研ぎ澄ませる

人は、想像力によって神仏（法界《ほっかい》）の存在を発見させていただいた。そして、その想像力自体も神仏（法界）からたまわったものでした。この真理を知ったことが宗教の始まりなのではないでしょうか。

換言すれば、「人は、なにかわからないのだけれども、とてつもなく巨大な力によって生かされているのだ」ということを知ったのです。自分の力で生きているのではなく、生かされているのです。このことに逆らえる人間は、一人としておりません。

どのような聖者であれ、英雄であれ、人間であるかぎりは死を迎えます。聖者や英雄たちが死後も生者たちの中で生き続けられるのは、伝説という想像力の中でだけです。これは、釈迦やキリストといえども同じことでしょう。彼らが生者たちの中で生きているのは、生身《なまみ》の自身ではなく、「法」というものとして存在しているからです。

法は釈迦やキリストの生身から生じて光彩を放ったものですから、同義とも受け取れます。生身と法は切り離せません。法の偉大さは生身を神格化し、伝説を生みます。だから伝説にも法が含まれています。ゆえに釈迦やキリストは復活し、久遠《くおん》に生きるのです。ただし、受け取る側に正しい想像力が欠如していなければ、です。

宇宙の真理である法界の存在自体が、慈悲と智慧の根源なのだと言いました。それを神仏(法界)であると発見させていただいた人間の想像力の中にも、当然のことですが、慈悲と智慧は第一位のものとして存在していなければなりません。

法界の真理として、人間は生・老・病・死という「苦諦《くたい》」をたどりつつ生きる存在です。この枠からはみ出ることは、何人《なんぴと》といえども残念ながらできません。釈迦は、この苦諦から脱出(解脱)する方法として、「集諦《じったい》」「滅諦《めったい》」「道諦《どうたい》」まで考えを及ばし、いわゆる「四《し》諦《たい》の法門」を説かれました。仏教の根底をなす哲学です。このことについてはすでに前に詳述したので反復いたしませんが、この四諦の法門自体が釈迦の慈悲であり、智慧であり、人間釈迦として究竟《くきょう》した偉大な「想像力」なのです。

釈迦は、禅定《ぜんじょう》という猛烈な修行の中で最勝の想像力を開華させ、成道を得ました。この場合の想像力を仮に「絶対想像」と呼ぶことにしましょう。そして、釈迦はみずから「これしかない」と納得した、これが「成道《じょうどう》」です。

宗教に限ったことではありませんが、なにごとにおいても「納得」するというのはたいせつなことです。納得の中には理解するということも含まれており、身心で理解することが真の納得です。

修行の一面を考察してみますと、先に述べました想像力の鋭角化と強大化があるように思えます。想像力を研ぎ澄ますために、想像力の整理整頓をなし遂げていかなくてはなりません。想像力の純化です。この段階で、修行者は煩悩を整理整頓していくことになり、やがて悟りを得るのです。

悟りとは「納得」です。どこでどのような納得を得るのかは、修行者の資質と精進《しょうじん》（努力）の「方向」と「量」によるのだと思います。しかし、そこで得られた納得は、修行者のレベルに応じた最高の納得でしかないという言い方もできるでしょう。道端の野仏に合掌した老婆がしみじみといい気分になれたとすれば、それもそのレベルでの納得であり、悟りなのです。

全員が、釈迦の成道《さとり》のレベルに到達する納得（悟り）を得ることは不可能だし、その必要もないでしょう。一つの小さな納得（悟り）は、その人の人生に光彩を放ち、次のもう少し大きめの納得（悟り）への道を開かせるのではないでしょうか。

納得すること、それは経典を読誦看経《どくじゆかんきん》するうえでもとてもたいせつなことです。経典のすべてを納得する必要はありませんが、「あ、そうか」と思う点が一つあったら、それは一つの小さな悟りとなるのです。

そのためには、たゆまぬ想像力（修行）の研磨が重要です。それは『観音経』においても同じです。そうしてみずからの想像力を研ぎ澄ませて『観音経』を拝読していけば、このお経がなぜ葬式や法事で読誦されるのかが自然に納得できると思います。

死者へ供養する行為を「手向《たむ》け」といいます。供養とは「供給資養《くきゆうしよう》」が略されたことばで、死者に生前と同じように飲食《おんじき》を給仕したり香華や灯をささげることですが、それと同時に優しいことばをかけてあげることであり、死者に有用の語をかけてあげることです。

それらの役目を持ったものが経典であり、とりわけ『観音経』がふさわしいということです。その理由はすでに十分説いてきた気がいたしますが、蛇足として申し上げれば、死者は亡者と名を変えて死出の旅を孤独に続けており、その行く手にはありとあらゆる困難が待ち受けているのです。

すでに「火難・水難・羅刹難」の三難は登場していますし、これらの難は生者にも死者(亡者)にも容赦なく訪れます。そのときに、「亡者よ、称えなさい。南無観世音菩薩と……」と教えてやるのです。そうすればあらゆる難は観世音菩薩が取り払い、危難の中から救ってくださるのだと生者たちは信じ、死者(亡者)の旅の無事を祈るのです。

幽明を境《さかい》にした私たち生者が、愛する人たちの死を眼前にしてほかになにができるというのでしょう。私は僧侶ですので葬儀や法要を執行しますが、僧侶といえどもつらい葬儀があります。あるときは四十代の男性の死でした。一家の柱であり、働き盛りの人の死です。遺族には就学児童の姿もあります。未亡人の血の気の引いた顔。とても正視できるものではありません。私たちは、ひたすら「南無観世音菩薩」と称えるほかはありません。旅立った若き死者のためにも、遺された生者のためにも……。

『観音経』は、生者と死者両方への慈悲と智慧と勇気のことばなのです。このような状況の中で、「人間は死んでしまえばおしまいよ。なにもないのさ」などと言い放つことができますか。私には、私自身のためも含めてとうてい言えません。

人間には、想像力という宝物があります。それは人間の誕生と同時に与えられたものです。そして、想像力自体に慈悲と智慧と勇気が備わっているのです。その想像力を研磨して、「南無観世音菩薩！」と称えます。一心称名です。涙を乗り越える称名です。

「さらに生きよ『生者』！　成仏せよ『死者（亡者）』！　南無観世音菩薩！」

この想像力を、私は「想像力の善用」と名づけたいと思います。

観世音菩薩のお力を信じて慟哭《どうこく》を乗り越えたとき、そこには必ず「清浄な光」が見えます。無量の光、観音の光です。『観音経』は、ここまで読んではじめて『観音経』となるのです。何度でも声を出して読誦しましょう。

## 右手に仏・左手に鬼

若《にゃく》復《ぶー》有《うー》人《にん》。臨《りん》当《とう》被《ひー》害《がい》。称《しょう》観《かん》世《ぜー》音《おん》菩《ぼー》薩《さー》名《みょう》者《しゃー》。彼《ひー》所《しょー》執《しゅう》刀《とう》杖《じょう》。尋《じん》段《だん》段《だん》壊《えー》《ねー》。而《にー》得《とく》解《げー》脱《だつ》。若《にゃく》三《さん》千《ぜん》大《だい》千《せん》国《こく》土《どー》満《まん》中《じゅう》《ちゅう》。夜《やー》叉《しゃー》羅《らー》刹《せつ》。欲《よく》来《らい》悩《のう》人《にん》。聞《もん》其《ごー》称《しょう》観《かん》

もし人が殺害されようとするに臨んで、この観音さまのみ名を称《とな》えれば、加害者が持っている剣杖《けんじょう》が、続いて段々《だんだん》に折れて、そのため害を受けることから逃れることができます。

もし世界中に満ち満ちた疾捷鬼《しっしょうき》や食人鬼《しょくにんき》が襲ってきて人々を悩まそうとしたとき、その人々が観音さまのみ名を称えることを聞け

世《ぜー》音《おん》菩《ぼー》薩《さー》名《みょう》者《しゃー》。是《ぜー》
諸《しょー》悪《あっ》《あく》鬼《きー》。尚《しょう》不《ふー》能《のう》以《いー》
悪《あく》眼《げん》視《じー》之《しー》。況《きょう》復《ぶー》加《かー》
害《がい》。

ば、これらの多くの悪鬼は、恐ろしい眼でにらみ視《み》ることはできない。それればかりでなく、害を加えるということはあり得ないのです。

ここでは二つの難が登場します。「刀杖《とうじょう》の難」と「夜叉《やしゃ》・羅刹《らせつ》の難」です。どちらの難も前節で解説したことと同様、観音さまのみ名を称えることで救われるといいます。

刀杖で思いあたることがあります。それは剣といったほうがいいのかもしれませんが、仏像図典などを見ますと、剣などの武具を持った仏像図がかなりあります。拙著は仏像辞典ではありませんので詳細は避けますが、ポピュラーな仏さまでは文殊師利菩薩《もんじゅしりぼさつ》や不動明《ふどうみょう》王《おう》などが剣を握り持っています。私たちが本来抱いている仏さまのイメージは、いかにも優しい慈愛に満ちたものであり、剣や武器はふさわしいとは思えません。それなのに、剣を構えた仏像があるというのはどういうことなのでしょうか。

私たち凡夫は、せっかく会い難き仏法に出会い、その教えによってすばらしい信仰生活を踏み出したというのに、情けないことに怠け心というものがあり、つい大事な信仰生活を忘れてしまいがちになります。実社会には大変つらいことや悲しいこと、困難なことがある反面、いくつもの楽しいこと、愉快なこともあります。すてきな料理や旅行、恋愛と、楽しみのネタは尽きません。生活が順調にいっていれば、信仰生活のことなど忘れがちになるのが普通です。なにしろ苦しいときの神頼みというくらいで、ピンチになってはじめて神仏のことを思い出すというのがごく一般的な日本人の姿なのです。楽しいときにこそ神仏に感謝するというのが本来の信仰生活のありようなのですが、なかなかそのようにはいきません。私たちはつい神仏の存在を忘れ、信仰をないがしろにしてしまいます。

しかし、それではいけません。こうした私たちの怠け心を叱咤《しった》する意味で、文殊菩薩は利剣を構えておられるのです。不動明王にしても同様で、邪見に傾斜しようとしている私たちの気持ちや、まだ正しい仏道の信仰生活に入っていないものたちをその利剣によって叱咤し、導き入れようとなさっておられるのです。

このほかにも、やりやホコ、ロープといった武器、武具が「法具《ほうぐ》」として仏教に導入されております。

仏教は他の宗教、インドのヒンドゥー教やバラモン教、あるいは中国の儒教や道教、日本に渡来してからは神道や自然崇拝の信仰の中から、仏教の守護神という形で神々を導入しております。このへんの仏教のあり方は、実に和合精神が豊かで融通無礙《ゆうずうむげ》です。逆の言い方をすれば節操がないかのようにも見えますが、仏教は他教と習合することによって世界宗教として流布してきたのです。仏教は、宗教戦争の道を歩んではおりません。これが仏教の個性なのです。取り込みの名人なのです。それでいて主題はしっかりと確保しているのです。

私の趣味としては、宗教戦争の道よりも仏教的な習合の道が好みです。日本の風土にもこうした融通無礙の世界が似合っているのではないでしょうか。結果的に、仏教的な主題を失わずに、信仰者たちが幸福になれることのほうが重要だと思うのです。そうしたわけで、仏教では血を流し合う道具であるはずの武器や武具までを「法具」として取り入れているのです。そのような法具類は、顕教《けんぎょう》よりも密教において顕著なようです。

刀杖の難、剣難から思わぬほうに話が脱線してしまいましたが、刀杖の難、剣難などからはだれでも逃れたいものです。しかし、難というものはいつどのようにして降りかかってくるかわかりません。予測不可能です。それを観音さまは振り払ってくださるというのです。

文言《もんごん》中、「解脱《げだつ》」ということばが使われていますが、これは六道輪廻を解脱して成仏するといったような重い意味で使用されているのではありません。困難の恐怖から解放（解脱）されるといった、軽い意味合いで使用されています。

さて、次の「夜叉・羅刹の難」は「悪鬼の難」とも呼ばれています。

人間は、生まれてきたときから右手に仏さま、左手に悪鬼を握り持っているものです。人は不平不満を言い募り、他を恨み、落し入れようとし、だまそうとします。さらには盗みやいじめを行い、他人をけがさせたり殺人まで犯してしまいます。しかし、そういう犯罪者にしても、全人格が犯罪者だというわけではありません。必ず右手に仏を握り持っているものです。左手の悪鬼が登場しすぎた結果がそのようになってしまったのです。

逆に言えば、どんな聖職者だって左手があります。彼らにとっても、悪鬼が顔を出すのはしばしばのことなのでしょう。それをかろうじて右手の仏さまが押さえ込んでくれているというのが実体なのではないでしょうか。

『観音経』には、そうした「悪鬼の難」から私たちを救ってくださることが説いてあります。しかし、私はもう一歩進めて考えてみたいと思います。現代人はいつだれが悪鬼の立場に立ってしまうかわかりません。明日は私かもしれないのです。その最たるものは交通事故でしょう。運転をしているということは、凶器に乗っていることです。人身事故を起こしてしまう可能性は常にあります。もちろん故意でなくても、ひかれた側にしたら、ひいたものは悪鬼以外のなにものでもないでしょう。

自分が悪鬼になるきっかけは、交通事故に限ったことではありません。自分のなにげない一言が、第三者をとんでもない地獄にたたき込むことだってあるのです。

人事部の部長が多くの社員を退職させなくてはならないとき、やめさせられる人には、部長や経営者はさぞ悪鬼視されているのに違いないのです。

だれが好んで悪鬼の立場に立ちたいと思うでしょうか。ここで『観音経』を理釈すれば、悪鬼に襲われたときに救ってくださるのと同様に、自分が悪鬼の立場にならないように、しっかりと左手の悪鬼を押さえ込んでくださるのも観音さまなのではないでしょうか。

# 煩悩の鎖

設《せつ》復《ぶー》有《うー》人《にん》。若《にゃく》有《うー》罪《ざい》。若《にゃく》無《むー》罪《ざい》。杻《ちゅう》械《かい》枷《かー》鎖《さー》。検《けん》繋《げー》其《ごー》身《しん》。称《しょう》観《かん》世《ぜー》音《おん》菩《ぼー》薩《さー》名《みょう》者《しゃー》。皆《かい》悉《しっ》断《だん》壊《えー》即《そく》得《とく》解《げー》脱《だつ》。

もしまた人に罪があっても、罪がなくても、手枷《てかせ》、足枷《あしかせ》、首枷《くびかせ》、鎖で身をつながれても、観世音菩薩《かんぜおんぼさつ》のみ名を称えれば、これらの枷はことごとく断ち切られて逃れることができます。

ここは七難のうちの第六難で、「杻械枷鎖《ちゅうかいかさ》の難」といわれます。枷や鎖で身を拘束される難から救ってくださるというのです。しかし、犯罪を犯して手錠をかけられて、「観音さま、手錠を外して脱走しやすいようにしてください」というのはチョット聞き届けるわけにはいかないでしょう。

新潟の少女監禁事件は別として、現代では犯罪を犯さないかぎり実際に身の自由を奪われるということは少ないでしょう。ですからここでの枷《かせ》は、心の自由を奪われることと理解したほうがより現実的です。

例えば恋愛で心の自由を奪われることがあります。しかし、この自由の奪われ方は愉悦でもありますから、わざわざ観音さまに救っていただくというほどのことでもありません。

もっと具体的に私たち凡夫を縛ってくるものがあります。それは欲です。欲の「杻械枷鎖」は実に強力です。女子中高生が物欲や金銭欲のためにとんでもない売春行為に走ったりしますが、これは欲に縛られての浅慮な行為です。将来的になんの利益にもならず、本人たちもそれが悪いことだということを知っているのに、簡単に金を稼げるからと走ってしまうのです。物欲の枷が少女たちをそうした行為に走らせているのです。

物欲とはいったいなんでしょう。身にそぐわない高級住宅を建ててローンに苦しんだり、ブランド物を買い過ぎてサラ金に手を出して苦しんだりと、物欲に振り回されて四苦八苦している例は枚挙にいとまがありません。

私たちは、欲の正体を知ることが必要です。欲の中には、人間が生きていくために欠かすことのできない本能的な欲もあります。睡眠欲、食欲、排泄《はいせつ》欲、そして性欲です。前者三つの欲は、人間が生きていくために必要不可欠な欲です。後者の性欲は、種の保存にとってなくてはならない欲であるといえましょう。「過ぎたるは及ばざるがごとし」という語があります。前記四欲についてはこの語をもって整理整頓し、ことに臨むべしということで理論的には成立するでしょう。それで「難」から逃れられます。

しかし、欲とは始末の悪いもので、ほかにも、物欲、権力欲、名誉欲、支配欲、所有欲と、数え上げるのが大変なくらいあります。これらの欲はどこから来ているのでしょうか。答えは「煩悩」です。こんなやっかいなものはありません。このやっかいなものの究明には、次の経典が答えを出してくれています。

【懺悔文《さんげもん》】（さんげであって、ざんげではありません・筆者注）
我昔所造諸悪業《がしゃくしょぞうしょあくごう》　皆由無始貪瞋癡《かいゆうむしとんじんち》

従《じゅう》身《しん》口《く》意《い》之《し》所《しょ》生《しょう》　一切《いっさい》我《が》今《こん》皆《かい》懺悔《さんげ》

（我《われ》、昔より造《つく》りし所の　諸《もろもろ》の悪業《あくごう》は無始よりの貪《とん》・瞋《じん》・癡《ち》に由《よ》る、身《しん》・口《く》・意《い》従《よ》り生《しょう》ずる所なり。一切、我、今、皆懺悔したてまつる）。

「私が昔からおこなったいろいろの悪い行為は、みな、はかり知れぬ過去からの『「むさぼりと、いかりと、ぐち』（三毒という）とに由来するものです。それは『体と口と心』（三業という）より生ずるところです。それらを、私は、いまこそ、すべてこころから懺悔いたします」

（『臨済宗信行教典』竹中玄鼎著・鎌倉新書）

これが「煩悩」の正体です。蛇足とは思いますが、もう少し平たく解説してみましょう。私が行ったいろいろの悪い行為には、実は自覚のない行為もあるわけです。だから明確にいつ行ったとも言えない行為なのですが、正しい行為ばかりを行ってきたと断言できる人もいないでしょう。ここでいう善悪の基準は社会的な規範ではなく、あくまで仏の目から見てということなのであります。

これに照らせば、私も一生の間には相当悪業を積み重ねているに違いありません。私の場合は、無自覚なものもあればしっかりと自覚できる悪業もあります。どのような悪業かについてはこの際はご容赦願いたいと思いますが、無自覚な遠い過去の悪業など、一般の私たちにわかろうはずがありません。しかし、悪業を重ねてしまったという事実は消し去りようもないことで、これは確実に、先に述べました同生神や倶生神がカウントしているに違いありません。

そうした悪業のすべては、「貪《とん》」というむさぼり、「瞋《じん》」という怒り、あるいは「癡《ち》」という愚かさに原因があるというのです。これらを「三毒」といいますが、三毒は自分以外のところから発露するわけではありません。すべては「身《しん》」という自分の肉体、「口《く》」という自分のことば、そして「意《い》」という自分の心から生じているのです。これらは「三業《さんごう》」と呼ばれ、密教では「三密《さんみつ》」といいます。『懺悔文』では、いま私はこれらの一切の悪業を懺悔いたしますといっているのです。

身・口・意の三業から生じて貪・瞋・癡という三毒となった煩悩は、ありとあらゆる欲に変化し、ときに争い、ときに愚かな行為をさせていきます。私たち凡夫は、この「煩悩」という怪獣にとらえられて枷鎖《かさ》されているとはいえないでしょうか。

この煩悩の枷鎖から解放（解脱）されるために、私たちは「南無観世音菩薩」と称名するのです。死者（亡者）に対しても同様です。彼が生前に行ってきた悪業を、彼に代わって懺悔滅罪し、彼の死出の旅が少しでも安楽であることを生者たちで願ってやるのです。それが成仏への道を行く彼への慈悲と智慧と勇気の手向けとなるのです。私たちは、彼に対して次の経典のような思いを抱いているからです。

【夜叉説半偈《やしゃせつはんげ》】

諸行無常《しょぎょうむじょう》　是生滅法《ぜしょうめっぽう》　生滅滅已《しょうめつめっち》　寂滅為楽《じゃくめついらく》

「すべてのことどもは、変化してゆくものである。是《これ》こそが生滅《しょうめつ》（誕生し、消え去ってゆく）の法《おしえ》である。なんじが死したいま、その生滅の法さえもが滅し已《おわ》った。このうえは、すべてのことを寂滅《しずか》に楽《らく》と為《な》すがよい」

## 善行はみんなでやろう

若《にゃく》三《さん》千《ぜん》大《だい》千《せん》国《こく》土《どー》
満《まん》中《じゅう・ちゅう》怨《おん》賊《ぞく》。有《うー》一《いち》商《しょう》
主《しゅー》。将《しょう》諸《しょー》商《しょう》人《にん》。齎《さい》持《じー》
重《じゅう》宝《ほう》。経《きょう》過《かー》険《けん》路《ろー》。其《ごー》
中《ちゅう》一《いち》人《にん》。作《さー》是《ぜー》唱《しょう》言《ごん》。
諸《しょー》善《ぜん》男《なん》子《しー》。勿《もつ》得《とく》恐《くー》
怖《ふー》。汝《にょー》等《とう》応《おう》当《とう》一《いっ》心《しん》
称《しょう》観《かん》世《ぜー》音《おん》菩《ぼー》薩《さー》名《みょう》

もし世界中に満ちあふれた怨賊《おんぞく》があって、一人の商人が多くの商人を連れて宝物を持って危険な道を通過しようとしたとき、隊商中の一人が、同志に対して一心に観音さまのみ名を称《とな》えることを勧めて、もしみ名を称えるものがあれば、この観音さまは無畏《むい》を衆生に施すお方であるから、おまえさんたちがみ名を称えれば、この盗賊の難から逃れることが

号《ごう》。是《ぜー》菩《ぼー》薩《さー》。能《のう》以《いー》無《むー》畏《いー》。施《せー》於《おー》衆《しゅー》生《じょう》。汝《にょー》等《とう》若《にゃく》称《しょう》名《みょう》者《しゃー》。於《おー》此《しー》怨《おん》賊《ぞく》。当《とう》得《とく》解《げー》脱《だつ》。衆《しゅー》商《しょう》人《にん》聞《もん》。倶《ぐー》発《ほっ》声《しょう》言《ごん》。南《なー》無《むー》観《かん》世《ぜー》音《おん》菩《ぼー》薩《さー》。称《しょう》其《ごー》名《みょう》故《ごー》。即《そく》得《とく》解《げー》脱《だつ》。無《むー》尽《じん》意《にー》。観《かん》世《ぜー》音《おん》菩《ぼー》薩《さー》摩《まー》訶《かー》薩《さー》。威《いー》神《じん》之《しー》力《りき》。巍《ぎー》巍《ぎー》如《にょー》是《ぜー》。

できましょう。隊商のすべてがそれを聞いて、「南無観世音菩薩」とそのみ名を称えたので盗賊の難から逃れることができたのです。

無《む》尽意《じんに》菩《ぼ》薩《さつ》よ、観音さまはこのような高く秀《ひい》でた不思議な力をお持ちであるから、七つの難から逃れることができます。

ここは七難目で、「怨賊《おんぞく》の難」が説かれています。ここで注視すべきことは、隊商全員に「観世音菩薩」のみ名を称えよと説いていないことです。隊商中の一人が同志に対して、「みんな、観音さまのみ名を称えようよ。そうすれば、必ず観音さまが救ってくださるよ」と勧めていることです。

これは布教を意味しています。いやがる人たちに勧めているのではありません。全員が難渋して救いを求めているときに、一人だけが称名という最高の方法を知っていた。そんなとき、自分だけが称えて自分だけが救われるなどという狭い了見ではいけません。そんなにいい方法があるのであれば、一人でも多くの人に教え伝えるべきです。そして全員が称名し、みんなが救われることが最良なのです。

自分だけがおいしいもののありかを知っていて、他人には教えないというのは少々セコイ考え方です。ほかの人にも教えてあげるべきではないでしょうか。これを「上求菩提《じょうぐぼだい》　下化衆生《げしゅじょう》」といい、布教の精神の根本であろうと思います。

経典は、恐怖の最中にあってだれか一人が必死に「南無観世音菩薩と称えよう」と勧めたと言っています。そして全員がその勧めに従って称名した結果、観音さまは「畏《おそ》れることは無い（施無畏《せむい》といいます）」と全員をお救いになったといいます。

善いことはみんなに勧めて、より多くの人たちで正しく・明るく生きていこうという、大変わかりやすい教えではないかと思います。

逝《い》った人たちに対しても同様です。成仏の方法を知っているのなら、より多くの亡者たちとともに成仏しなさいと説いているのです。

世尊（釈迦）は無尽意菩薩に、「観音さまはこんなにすごいパワーと超能力を持っているのだよ。だから七難をみごとに逃れることができたのだよ」とお説きになりました。

無尽意菩薩は、私たち凡夫を代表して聞いてくださっているお方です。世尊が真に知らしめたいと思っているのは、ほかでもありません、私たち凡夫であることはもはや説明の要もないことでしょう。

# 第三章　観音さまの功徳

## 三毒からの解放

若《にゃく》有《うー》衆《しゅー》生《じょう》。多《たー》於《おー》婬《いん》欲《よく》。常《じょう》念《ねん》恭《くー》敬《ぎょう》観《かん》世《ぜー》音《おん》菩《ぼー》薩《さー》。便《べん》得《とく》離《りー》欲《よく》。若《にゃく》多《たー》瞋《しん》恚《いー》。常《じょう》念《ねん》恭《くー》敬《ぎょう》観《かん》世《ぜー》音《おん》菩《ぼー》薩《さー》。便《べん》得《とく》離《りー》瞋《しん》。若《にゃく》多《たー》愚《ぐー》癡《ちー》。常《じょう》念《ねん》恭《くー》敬《ぎょう》観《かん》世《ぜー》音《おん》菩《ぼー》薩《さー》。

もし衆生があって、性欲の強いものがいても、常に念じて観音さまを敬っていると、直ちにその邪欲から離れることができます。もし生来怒りを起こしやすいものも、常にこの観音さまのことを思い、敬っていると、直ちに怒りを離れることができます。もし愚かな無知のものでも、この観音さまのことを思い、敬っていると、愚かさから離れることができ

**便《べん》得《とく》離《りー》癡《ちー》。無《むー》尽《じん》意《にー》。**
**観《かん》世《ぜー》音《おん》菩《ぼー》薩《さー》。有《うー》如《にょー》**
**是《ぜー》等《とう》大《だい》威《いー》神《じん》力《りき》。多《たー》**
**所《しょー》饒《にょう》益《やく》。是《ぜー》故《こー》衆《しゅー》生《じょう》。**
**常《じょう》応《おう》心《しん》念《ねん》。**

るでしょう。

無《む》尽《じん》意《に》菩《ぼ》薩《さつ》よ、観音さまはこのように優れた力を持ち、衆生をお救いになることが多いのです。このため、衆生はいつも観音さまを心に思わなければなりません。


ここは「杻械枷鎖の難」のところと重複しています。淫欲《いんよく》・瞋恚《しんに》・愚癡《ぐち》と表現されているのは、貪・瞋・癡と同義です。これらの煩悩も、「常念恭敬」（常に念じて敬い続けること）していれば、必ず遠離《おんり》することができると説いておられます。

「淫欲」とはそのものズバリで性欲なのですが、もっと広義に「むさぼり」と受け取ったほうがいいと思います。あとの文脈からも「三毒」を指しているのは明らかです。性に関連しては、次節にも説かれます。

「無尽意菩薩（衆生《もろびと》）よ、観音さまの偉大な力を知りなさい。知ったなら信仰を持続し、さらに深めることがたいせつなのです」という語はかなり執拗にリフレインされます。

# 性愛を特別視するな

若《にゃく》有《うー》女《にょー》
人《にん》。設《せつ》欲《ちょく》求《ぐー》男《なん》。礼《らい》拝《はい》
供《くー》養《よう》観《かん》世《ぜー》音《おん》菩《ぼー》薩《さー》。
便《べん》生《しょう》福《ふく》徳《とく》智《ちー》慧《えー》之《しー》
男《なん》。設《せつ》欲《ちょく》求《ぐー》女《にょー》。便《べん》生《しょう》
端《たん》正《しょう》有《うー》相《そう》之《しー》女《にょー》。宿《しゅく》
植《じき》徳《とく》本《ほん》。衆《しゅー》人《にん》愛《あい》敬《きょう》。
無《むー》尽《じん》意《にー》。観《かん》世《ぜー》音《おん》菩《ぼー》

もし女人《にょにん》が男子《だんし》を欲するなら、観音さまを礼拝《らいはい》して供養をささげれば、直ちに福相を備えた智慧《ちえ》のある男の子を生むことができます。もし女の子がほしいなら、たちまち容貌端正《ようぼうたんせい》で心が優しく、福徳を備え、多くの人々から敬愛される子を生むことができましょう。

無尽意菩薩《むじんにぼさつ》よ、観音さまにはこのような優れたお力があるから、もし衆生が観音さまを

薩《さー》。有《うー》如《にょー》是《ぜー》力《りき》。若《にゃく》有《うー》衆《しゅー》生《じょう》。恭《くー》敬《ぎょう》礼《らい》拝《はい》観《かん》世《ぜー》音《おん》菩《ぼー》薩《さー》。福《ふく》不《ふー》唐《とう》捐《えん》。是《ぜー》故《こー》衆《しゅー》生《じょう》。皆《かい》応《おう》受《じゅー》持《じー》観《かん》世《ぜー》音《おん》菩《ぼー》薩《さー》名《みょう》号《ごう》。

尊敬し礼拝すれば、福《しあわせ》はむなしく捨てられず、必ず幸福になります。このためどんな人々も皆観音さまのみ名を称えなければならないのです。

ここでは、妻が男子がほしいと願うなら観音さまを礼拝・供養しなさい。福相で智慧のある男子を生むことができます。女子がほしかったら、美貌で心の優しい、福徳を備えた、敬愛される子を生むことができますよと言っているのですから、これはまさしく「子宝観音」の様相を呈しています。子宝を得るというのは、正しい種の保存を意味します。

ここで、一般に仏教というと、性愛は禁じられたことであるかのような誤解を受けていることを訂正させていただくことにいたします。子宝を得るためには、いくら観音さまのお力を得ても、両親の男女の愛、つまり性的行為がないかぎり、男の子であれ女の子であれ生まれるはずはありません。突然、観音さまがコウノトリのように赤ン坊を運んでくるわけではないのであって、母親の卵子に父親の精子が結合して妊娠するのです。

仏教は決して性愛を否定していないのですが、日本の仏教はかなりな部分儒教の影響を受けていることもあり、倫理的でストイックなイメージを抱かせている面があります。例えば、これはかなり古い時代のことですが、僧侶の妻帯は許されるものではなかったり、生涯不犯《ふぼん》であることが高僧、名僧の条件になっているような誤解がありました。セックスイコール悪《あ》しきこと、あるいは汚れたものといった固定観念があったようで、僧籍にあるものにとってセックスはタブーという不文律が一般（在家）にも伝わっていったようです。

現在でも、専門僧堂のお師家《しけ》さん（老師《ろうし》）などは妻帯せず、独身を通しておられる方もおいでです。しかし、さすがに一般寺院の僧侶などは、普通に結婚して子供を作るようになっています。信念として、妻帯しないという人のほうが珍しい状況といえるでしょう。

確かに、性愛というものは多分に刺激的で魔力に近い魅力を秘めているものですから、その魔力に取りつかれたら、修行中の者はとても修行どころではなくなってしまいます。

俗諺《ぞくげん》に、「習いごとをするなら色気《いろけ》づく前にしろ」というのがあります。職人など、技術を身につけなくてはならない仕事では、性愛の持つ官能の魔力は大変じゃまになります。職人の世界には、必死で仕事を身につけなくてはならない時期というものがあります。もちろん職人に限ったことではありませんが、一つの世界でひとかどのプロになろうとしたら、寝食を忘れてその仕事に埋没し、習得に励まなくてはならない時期があります。だから、性愛にうつつを抜かす前に技を習得しろというわけです。

僧侶の世界も同様です。そうした時期に、あまりにも身心を迷わせる要素の多い性愛に接することは、やはり「修行のじゃまになる」ということのようです。修行には限りがありません。生涯修行であると考える僧侶も多いわけで、そうなると一生性愛を避けるという結果が生じても不思議ではなくなります。

しかし、だから性愛を悪しきもの、汚れたものとするのは不都合でしょう。くどいようですが、性愛は人間にとって根源的に必要なものです。種の保存というもっともたいせつな役目を持っている行為です。セックスは、法身仏である本尊が人間を誕生させた瞬間から、眠ること、食べることといった人間の営みの中の一つの重要な行為として、ごく普通に与えられたものです。だから、特別な行為であるとは考えないほうがいいと思います。

私たちが食事をとり、睡眠し、東司《とうす》（トイレのこと）に行くのと同じレベルで考えてみることが必要だと思います。

仏教で性愛を語るとき、いやでも避けて通れない経典があります。真言密教の常用経典である『理趣品《りしゅほん》』という経典で、『理趣経』とも呼ばれています。「理趣」とは「真理に趣く」という意味です。同じ「理趣」がつく経典に『理趣分《りしゅぶん》』というのがありますが、これは禅宗の「大般若会《だいはんにゃえ》」などで導師が祈禱用に読誦したりする経典で、まったくの別ものです。「品」と「分」を間違えるととんでもないことになってしまいます。

その『理趣品』の中には、十七句の性愛にかかわる文言が登場いたします。その第一句は代表的なもので、「妙適清浄句是菩薩位《びょうてきせいせいくしほさい》」というものです。この句のキーワードは、「妙適」（みょうてきと発音しても間違いではないが）という語でしょう。岩波の『広辞苑』では明らかにセックスを意味する解説がしてあります。そしてそれはそのとおりなのです。

その「妙適」を、『理趣品』では「清浄な句」であり、それ（是）ゆえに「菩薩の位」であると説いています。以下十六の文言は、「妙適」の部分が「愛縛《あいばく》」「愛箭《あいせん》」といったような語と入れ替わるだけです。「愛縛」は愛の力で縛ること、「愛箭」は愛の矢を放つことで、それらはいずれも清浄であり、菩薩の位であるというのです。その理由についてはすでに述べました。人間にとって性愛は絶対に必要なことであり、決して不自然なことではないということです。

人間の存在はこれまでに学んだとおり、「衆生本来仏なり」（『白隠禅師坐禅和讃《はくいんぜんじざぜんわさん》』）ということです。人間の持つ仏性《ぶっしょう》とは、菩薩の位なのです。その人間にごく自然に備わったものが性愛なのですから、それが清浄であり菩薩の位であることは理の当然です。否定しなければならないものはなにもありません。男女が身・口・意の三業（密）によって真に愛し合い、行為し合ってその愛と行為が最高潮に昇華し合ったら、その瞬間をだれが汚すことができましょう。当事者である二人にさえ汚すことなどできはしないのです。

性愛の極致として官能が昇華した瞬間、人の思考は停止し、肉体は硬直し、ことばもありません。感覚の嵐の中で身・口・意を浮遊させるだけです。その嵐に抗すべき手段などあろうはずはありません。そして女性は受精し、妊娠するのです。この性愛の最高の一瞬を「納得」しない人はいません。納得即ち悟りです。ただし、永続する悟りではありません。あまりにも刹那的な大悟です。終了の瞬間に悟りも消え果てます。その感覚を持続させることは、死から逃れることができないのと同様に不可能です。

性愛《エロス》と死《タナトス》は、人間にとって最大のイベントでしょう。祭りであり、祭りのあとなのかもしれません。そして、それは人間に平等に与えられているのです。しかし、そこにはおのずからルールがあります。でも、そのルールは決して完璧なものではありません。結婚にしても、人間同士が取り決めたとりあえずのルールです。いつか結婚という制度自体が崩壊するかもしれません。制度は諸行無常の法を乗り越えることができないからです。

制度はしょせん不易《ふえき》ではありません。流行なのです。ですから、結婚をしてしまったらすべてが安心だと思い、互いに精進を忘れ、緊張感を失っていけば、やがてその前途には離婚という次の制度が待ち受けることになります。

少し『観音経』から距離のあることを述べたかもしれませんが、仲の悪い夫婦に子宝が授かるはずはないので、このくだりに関して夫婦の、あるいは恋人同士の性愛を記すことは的はずれなことではないと思います。

夫婦の円満・男女の和合こそがすばらしい子供の誕生につながるのです。観音さまは、そうした男女の和合にも威神力《いじんりき》を発揮してくださるのだと、やや拡大解釈をしておきます。

## ことばと実践

無《むー》尽《じん》意《にー》。若《にゃく》有《うー》人《にん》。受《じゅー》持《じー》六《ろく》十《じゅう》二《にー》億《おく》恒《ごう》河《がー》沙《しゃー》菩《ぼー》薩《さー》名《みょう》字《じー》。復《ぶー》尽《じん》形《ぎょう》供《くー》養《よう》飲《おん》食《じき》。衣《えー》服《ぶく》。臥《がー》具《ぐー》。医《いー》薬《やく》。於《おー》汝《にょー》意《いー》云《うん》何《がー》。是《ぜー》善《ぜん》男《なん》子《しー》。善《ぜん》女《にょー》人《にん》。功《くー》徳《どく》多《たー》不《ふーぶー》。無《むー》尽《じん》意《にー》言《ごん》。甚《じん》多《たー》。

「無尽意菩薩《むじんにぼさつ》よ、もし人が六十二億のガンジス河の砂ほどある数限りない菩薩のみ名を称《とな》え、また寿命が尽きるまで、飲食、衣服、寝具、医薬を供養したらどうなりましょうか。このようなりっぱな男子や女人の功徳は多いでしょうか、少ないでしょうか」と。

無尽意菩薩は答えた。「大変多いでしょう、仏さま」と。

世《せー》尊《そん》。

ここで、世尊（釈迦）は無尽意菩薩（衆生）に、これまでのお説法の成果を問います。期末テストのようなものです。難しいテストではありません。

「六十二億の恒河沙《ごうがしゃ》」とは、無数ととらえていいでしょう。経典には比喩が多いことはすでに述べましたが、ここに恒河が出たということは無意味な比喩ではありません。

恒河（ガンジス河）というのは、インドの人々にとっては聖なる河です。信仰の対象の河です。生涯に一度でもいいからガンジス河で水浴びをしたいと、旅の費用のために家を売り払って巡礼に出る人々もおおぜいいるのです。日本にも富士山信仰や那智の滝に対する信仰がありますが、それと同じです。

「そのガンジス河の砂の数と同じくらい無数に名号を称え、さらに寿命が尽きるまで観音さまに飲食・衣服・寝具・医薬を供養したら、そのりっぱな人々の功徳というものは多いか少ないか？」と世尊は無尽意菩薩に尋ねました。答えは明瞭です。多いに決まっています。

無尽意菩薩も、「大変多いでしょう、世尊」と答えました。ここまでですと、「なんだ、どうってことを聞いてないな、仏さまも……」ということになってしまうのですが、これは早計です。

「(功徳は)大変多いでしょう、世尊」と無尽意は答えました。世尊はこのあとにもことばを述べているのです。そして、そのことばのほうが重要なのです。けれども、そのことばは経文中には意図的にお述べになっておりません。そのことばをあえて記しますと、こう説かれたに違いないと思います。

「無尽意菩薩よ。大変功徳が多いとわかっているのなら、そのことを行動に移しなさい。ことばで答えることはいかにも簡単で、だれにでもできることです。無数に称名し、寿命の尽きるまでの永い間供養する。そのことをぜひ実践しなさい。頭で考え、ことばにすることだけをもって信仰とはいいません。信仰の本質は実践にあるのですよ」

例えば「時間を守ろう」「約束を守ろう」とことばで言うのは簡単です。この二つのことが正しいことは頭では十分にわかっています。しかし、生涯この二つを守って実践していくとしたらどうでしょう。簡単だと言えますか。私には言えません。

信仰の難儀さとありがたさは、実践してみないかぎりわからないものです。食堂のウインドーのサンプルでは満腹できないのと同様、料理を口から食べて胃の腑《ふ》に収めてみないことには、「ああおいしかった、満腹満腹」とは言えないのです。

世尊はここで、信仰の本質を説いておられるのです。それなのに、なぜそのことを経文中に説かれないのでしょうか。ズバリと言えば、「自分で考えなさい！」ということです。「無尽意（衆生）よ、その程度の想像力は十分に持ち合わせているではないか。修行のためにも、自分の力で考えて実践してごらんなさい」

世尊にこのように言われている気がしてなりません。なにからなにまでやってあげることと、教え切ってしまうことは、過保護な人間を育てることにつながります。過保護は自立心を失わせ、依頼心を育《はぐく》みます。さらに、権利のみを主張して義務と責任を負わなくなります。もう少し言いますと、生命力を失っていきます。そして自分の利益にのみ敏感になり、他者を思いやる気持ちを失っていき、決断力をなくしていきます。

「かわいい子には旅をさせろ」「苦労をさせろ」というのは真実です。世尊はそれらのことを十分に承知して私たちを導いてくださっているのです。私たちはそのことを感謝をもって熟知しなければなりません。繰り返します。信仰の本質は実践なのです。

## 発菩提心を持続する

仏《ぶつ》言《ごん》。若《にゃく》復《ぶー》有《うー》人《にん》。受《じゅー》持《じー》観《かん》世《ぜー》音《おん》菩《ぼー》薩《さー》名《みょう》号《ごう》。乃《ない》至《しー》一《いち》時《じー》礼《らい》拝《はい》供《くー》養《よう》。是《ぜー》二《にー》人《にん》福《ぶく》《ふく》。正《しょう》等《とう》無《むー》異《いー》。於《おー》百《ひゃく》千《せん》万《まん》億《のく》《のっ》劫《ごう》《こう》。不《ふー》可《かー》窮《ぐう》尽《じん》。無《むー》尽《じん》意《にー》。受《じゅー》持《じー》観《かん》世《ぜー》音《おん》菩《ぼー》薩《さー》名《みょう》号《ごう》。得《とく》

仏は言われた。「もしまたある人は観音さまのみ名を思ったり、ある人は一時でも礼拝し、供養したならば、この二人の功徳はまったく同じで違うものではないでしょう。

無限の長い時間がたっても、この功徳は尽きることがあってはならないのです。このような、無量無辺の福徳の利益を得るでありましょう」と。

如《にょ》是《ぜ》無《む》量《りょう》無《む》辺《へん》。福《ふく》徳《とく》之《し》利《り》。

世尊(釈迦)は、別の角度からさらに信仰の本質をお説きになります。前節のように、無数に称名したり寿命の尽きるまで供養をする。これを実践している人と、これから説くように、一時《いっとき》でも称名したり礼拝供養《らいはいくよう》したりする人がいるなら、先の人たちと同じように、無限の長い時間が経過してもこの功徳は尽きることがないと説くのです。

これは少し妙です。猛烈に信仰している人も、ほんの一時称名し、礼拝供養した人も同様に功徳があると言っているのですから。だったら努力することはない、となるのが人情でしょう。これは確かに、努力に対して不平等ということになるかもしれません。しかし、もう少し深く意味を考えてみようではありませんか。

ここで世尊がお説きになられているのは、「発菩提心《ほつぼだいしん》」なのです。「信仰心を発《おこ》す」ということなのです。それを考えるために、いままで述べてきたこととは異なった面から仏教を勉強してみましょう。

それは「因果律《いんがりつ》」についてです。これは仏教の大きな柱となっている考え方の一つで、世の中のことはすべて、「因」「縁」「果」によって成立しているとするものです。「因」とは原「因」で、あることの始まりです。始まりがあれば終わりがあり、それが結「果」です。その過程を「縁」といいます。よって、「因果」とは原因と結果のことです。私たちがなにごとかを行えば、それが因となってその結果が現れないことはありません。これを「果報」ともいいます。報は「報い」です。果には「善果」と「悪果」があります。因があるのに、果が現れないということはありません。ただ、ものごとによって時間差があるだけです。この時間差について、道元禅師は次のように説いておられます。

善悪《ぜんあ》(な)の報に三時《さんじ》あり、一者順《ひとつにはじゅん》現報受《げんほうじゅ》、二者順次生《ふたつにはじゅんじしょう》受《じゅ》、三者順後次受《みつにはじゅんごじじゅ》、これを三時という、仏祖の道《どう》を修習《しゅじゅう》するには、其《その》最初より斯《この》三時の業報《ごっぽう》の理《り》を効《なら》い験《あき》らむるなり。

(『修証義』)

ものごとの結果が現前するには、次の三種類の時間があるというのです。

順現報受……現世の行いの報いを現世で受けること。
順次生受……現世の行いの報いを次の生で受けること。
順後次受……現世の行いの報いを次の次の生以降で受けること。

仏教を信仰するのであれば、この「三時」という因果律をしっかりと勉強しておきなさいと説いておられるのです。

まかないタネが芽を出して実るはずはありません。それはものの道理です。しかし、結果だけを気にしていてもしかたありません。ものごとは「縁」という過程がたいせつなのです。スタート(因)が悪くとも、縁で努力をすることで結果を逆転することだってできるのです。つまり、悪因を過程で努力して善果としていくわけです。

話を「発菩薩心」に戻しましょう。これは「信仰心を発す」という意味ですからスタートです。つまり因です。スタートはたいせつです。まず「信仰しよう!」という気持ちが衆生の側に起こらなかったら、いくら世尊が尊い法を説いてもせんないことです。ですから、その心構え、発菩提心こそが信仰の根本だといえます。

しかし、そうしたたいせつな気持ちも努力がなければ溶解してしまいます。そこで、発菩提心を持続するように戒めてゆくのが「修菩薩行」です。このこともすでに述べました。発菩提心は普賢菩薩、修菩薩行は文殊師利菩薩のお役目であることも学びました。

このことを経典の文言にあてはめてみてください。ガンジス河の砂の数ほど称名し、寿命が尽きるまで礼拝供養しなさいと説かれている衆生は、すでに信仰の世界に入っている人々です。ですから、この人たちには「修菩薩行」として説かれているのです。だから「六十二億恒河沙《ごうがしゃ》」や「寿命の尽きるまで」と、厳しいことが要求されるのです。

対して、後者の一時でも称名し、礼拝供養すればいいというのは、「発菩薩心」の段階にいる人々に説いていることばなのです。そうであれば、前者も後者もその価値はまったく等しいということになるのではないでしょうか。ですから、経文は間違ったことや奇妙なことは説いていないことになります。それどころか、発菩提心の人たちを励ましていることばでさえあるというのがご理解願えたかと思います。

すばらしい因（発菩提心）は、厳しい努力の縁（修菩薩行）によって、価値のある果（悟り）を得ることができるのです。

# 無尽意菩薩の問い

無《むー》尽《じん》意《にー》菩《ぼー》
薩《さー》。白《びゃく》仏《ぶつ》言《ごん》。世《せー》尊《そん》。観《かん》
世《ぜー》音《おん》菩《ぼー》薩《さー》。云《うん》何《がー》遊《ゆう》
此《しー》娑《しゃー》婆《ばー》世《せー》界《かい》。云《うん》何《がー》
而《にー》為《いー》衆《しゅー》生《じょう》説《せっ》法《ぽう》。方《ほう》
便《べん》之《しー》力《りき》。其《ごー》事《じー》云《うん》何《がー》。

無《む》尽《じん》意《に》菩《ぼ》薩《さつ》は仏に言われた。「世尊よ、観音さまはどのようにしてこの苦しみに満ちた娑婆世界に現れて、どのようにして人々のために教えをお説きになるのか。人々を救う方便のお力はどのくらいありましょうか」と。

ここで、『観音経』の文言がガラリと変化いたします。「ところで、仏さま……」と、無尽意菩薩のセリフは劇にすればそのようになるでしょう。「観音さまはどのようにして衆生の前に現れ、どのように人々に教えを説き、大変に失礼な質問なのですが、どれぐらいの実力のお方なのですか？」と無尽意菩薩は世尊に質問しています。

無尽意菩薩の立場は「対告衆《たいごうしゅ》」といい、私たち凡夫（衆生）の代表者です。ですから、単に質問といっても、重要極まりないことを世尊にお聞きします。この質問も具体的で、私たちにとって興味津々なものです。内容は次の三つです。

一、どのようにして現れるのか？

二、どのようにして教えてくださるのか？

三、その実力のほどはどの程度か？

仏さまに対してはずいぶんとぶしつけな質問ですが、私たち凡夫としては、この問いは大変わかりやすくて助かります。

しかし、問題は仏さまがちゃんと質問にお答えしてくださるかです。「無礼者！」と一喝されてもしかたのない内容なのですから。でも、仏さまは優しいお方です。きちんと答えてくださっています。それが次節以降です。

# 三十三に変身する観音さま

仏《ぶつ》告《ごう》無《むー》尽《じん》意《にー》菩《ぼー》薩《さー》。
善《ぜん》男《なん》子《しー》。若《にゃく》有《うー》国《こく》土《どー》
衆《しゅー》生《じょう》。応《おう》以《いー》仏《ぶつ》身《しん》得《とく》
度《どー》者《しゃー》。観《かん》世《ぜー》音《おん》菩《ぼー》薩《さー》。
即《そく》現《げん》仏《ぶつ》身《しん》。而《にー》為《いー》説《せつ》
法《ぽう》。応《おう》以《いー》辟《びゃく》支《しー》仏《ぶつ》身《しん》
得《とく》度《どー》者《しゃー》。即《そく》現《げん》辟《びゃく》支《しー》
仏《ぶつ》身《しん》。而《にー》為《いー》説《せつ》法《ぽう》。応《おう》

仏は無《む》尽《じん》意《に》菩《ぼ》薩《さつ》に次のようにお告げになった。「おまえさんたちよ、この娑婆《しゃば》世界《せかい》の人々の中で、仏の身となって救うべき人には、観音さまは直ちに仏の身となって教えをお説きになります。

辟支仏《びゃくしぶつ》の身となって救うべき人には、直ちに辟支仏の身となって教えを説き、声聞《しょうもん》の身となって救うべき人には、直ちに声聞の身と

以《いー》声《しょう》聞《もん》身《しん》得《とく》度《どー》者《しゃー》。即《そく》現《げん》声《しょう》聞《もん》身《しん》。而《にー》為《いー》説《せっ》法《ぽう》。応《おう》以《いー》梵《ぼん》王《のう》身《しん》得《とく》度《どー》者《しゃー》。即《そく》現《げん》梵《ぼん》王《のう》身《しん》。而《にー》為《いー》説《せっ》法《ぽう》。応《おう》以《いー》帝《たい》釈《しゃく》身《しん》得《とく》度《どー》者《しゃー》。即《そく》現《げん》帝《たい》釈《しゃく》身《しん》。而《にー》為《いー》説《せっ》法《ぽう》。応《おう》以《いー》自《じー》在《ざい》天《てん》身《しん》得《とく》度《どー》者《しゃー》。即《そく》現《げん》自《じー》在《ざい》天《てん》身《しん》。而《にー》為《いー》説《せっ》法《ぽう》。応《おう》以《いー》大《だい》自《じー》在《ざい》天《てん》身《しん》得《とく》度《どー》者《しゃー》。即《そく》現《げん》大《だい》自《じー》在《ざい》天《てん》身《しん》。而《にー》為《いー》説《せっ》法《ほう》。応《おう》以《いー》天《てん》大《だい》将《しょう》軍《ぐん》身《しん》得《とく》

なって教えを説きます。

梵王《ぼんのう》の身となって救うべき人には、直ちに梵王の身となって教えを説き、帝釈天《たいしゃくてん》の身となって救うべき人には、直ちに帝釈天の身となって教えを説き、自在天《じざいてん》の身となって救うべき人には、直ちに自在天の身となって教えを説きます。

大自在天《だいじざいてん》の身となって救うべき人には、直ちに大自在天の身となって教えを説き、天大《てんだい》将軍《しょうぐん》の身となって救うべき人には、直ちに天大将軍の身となって教えを説き、毘沙門天《びしゃもんてん》の

度《どー》者《しゃー》。即《そく》現《げん》天《てん》大《だい》将《しょう》軍《ぐん》身《しん》。而《にー》為《いー》説《せつ》法《ぽう》。応《おう》以《いー》毘《びー》沙《しゃー》門《もん》身《しん》得《とく》度《どー》者《しゃー》。即《そく》現《げん》毘《びー》沙《しゃー》門《もん》身《しん》。而《にー》為《いー》説《せつ》法《ぽう》。応《おう》以《いー》小《しょう》王《おう》身《しん》得《とく》度《どー》者《しゃー》。即《そく》現《げん》小《しょう》王《おう》身《しん》。而《にー》為《いー》説《せつ》法《ぽう》。応《おう》以《いー》長《ちょう》者《じゃー》身《しん》得《とく》度《どー》者《しゃー》。即《そく》現《げん》長《ちょう》者《じゃー》身《しん》。而《にー》為《いー》説《せつ》法《ぽう》。応《おう》以《いー》居《こー》士《じー》身《しん》得《とく》度《どー》者《しゃー》。即《そく》現《げん》居《こー》士《じー》身《しん》。而《にー》為《いー》説《せつ》法《ぽう》。応《おう》以《いー》宰《さい》官《かん》身《しん》得《とく》度《どー》者《しゃー》。即《そく》現《げん》宰《さい》官《かん》身《しん》。而《にー》為《いー》

身となって救うべき人には、毘沙門天の身となって教えを説きます。

小王《しょうおう》の身となって救うべき人には、直ちに小王の身となって教えを説き、長者の身となって救うべき人には、直ちに長者の身となって教えを説き、居士《こじ》の身となって救うべき人には、直ちに居士の身となって教えを説き、宰官《さいかん》の身となって救うべき人には、直ちに宰官の身となって教えを説き、婆羅門《ばらもん》の身となって救うべき人には、直ちに婆羅門の身となって教えを説きます。

説《せっ》法《ぽう》。応《おう》以《いー》婆《ばー》羅《らー》門《もん》身《しん》得《とく》度《どー》者《しゃー》。即《そく》現《げん》婆《ばー》羅《らー》門《もん》身《しん》。而《にー》為《いー》説《せっ》法《ぽう》。応《おう》以《いー》比《びー》丘《くー》比《びー》丘《くー》尼《にー》優《うー》婆《ばー》塞《そく》優《うー》婆《ばー》夷《いー》身《しん》得《とく》度《どー》者《しゃー》。即《そく》現《げん》比《びー》丘《くー》比《びー》丘《くー》尼《にー》。優《うー》婆《ばー》塞《そく》優《うー》婆《ばー》夷《いー》身《しん》。而《にー》為《いー》説《せっ》法《ぽう》。応《おう》以《いー》長《ちょう》者《じゃー》。居《こー》士《じー》。宰《さい》官《かん》。婆《ばー》羅《らー》門《もん》。婦《ぶー》女《にょー》身《しん》。得《とく》度《どー》者《しゃー》。即《そく》現《げん》婦《ぶー》女《にょ》身《しん》。而《にー》為《いー》説《せっ》法《ぽう》。応《おう》以《いー》童《どう》男《なん》。童《どう》女《にょー》身《しん》得《とく》度《どー》者《しゃー》。即《そく》現《げん》童《どう》男《なん》。童《どう》女《にょー》

比丘《びく》、比丘尼《びくに》、優婆塞《うばそく》、優婆夷《うばい》の身となって救うべき人には、直ちに比丘、比丘尼、優婆塞、優婆夷の身となって教えを説き、長者、居士、婆羅門の婦人の身となって救うべき人には、直ちに婦人の身となって教えを説き、童男《どうなん》、童女《どうにょ》の身となって救うべき人には、直ちに童男、童女の身となって教えを説きます。

身《しん》。而《にー》為《いー》説《せっ》法《ぽう》。応《おう》以《いー》天《てん》。竜《りゅう》。夜《やー》叉《しゃー》。乾《けん》闥《だっ》婆《ばー》。阿《あー》修《しゅー》羅《らー》。迦《かー》楼《るー》羅《らー》。緊《きん》那《なー》羅《らー》。摩《まー》睺《ごー》羅《らー》伽《がー／かー》。人《にん》非《ぴー》人《にん》等《とう》身《しん》得《とく》度《どー》者《しゃー》。即《そっ／そく》皆《かい》現《げん》之《しー》。而《にー》為《いー》説《せっ》法《ぽう》。応《おう》以《いー》執《しゅう》金《こん》剛《ごう》神《じん／しん》。得《とく》度《どー》者《しゃー》。即《そく》現《げん》執《しゅう》金《こん》剛《ごう》神《じん／しん》。而《にー》為《いー》説《せっ》法《ぽう》。

天、竜、悪神、音楽師、闘争神、金翅鳥《こんじちょう》、歌神《かしん》、蛇神《じゃしん》、人非人《にんぴにん》などの身となって救うべき人には、直ちにこれらのものになって教えを説き、執金剛神《しゅうこんごうしん》となって救うべき人には、執金剛神の身となって教えを説きます。

仏さまがお答えになって次のように言います。

「観音さまは超能力者で、変身の大名人です。よって、次のような姿となって教えを説き、救ってくださるのです。その変身は、衆生が望んでいる姿でもあるのです」

そして、次々とその姿を説いていかれます。文言はほとんど同じです。同じことを何度もリフレインするのはすべての経典の特徴で、めったなことでは省略などいたしません。

観音さまは、教えを受けたい人（衆生）が現れてほしいと願っている姿で次々と現れます。その数は都合「三十三身」で、これを整理すると次の八つのグループに分けられます。

一、三聖身《さんじょうしん》……仏、辟支仏《びゃくしぶつ》、声聞《しょうもん》。
二、六天身……梵王《ぼんのう》、帝釈《たいしゃく》、自在天《じざいてん》、大自在天《だいじざいてん》、天大将軍《てんだいしょうぐん》、毘沙門《びしゃもん》。
三、五人身……小王《しょうおう》、長者、居士《こじ》、宰官《さいかん》、婆羅門《ばらもん》。
四、四部衆身《しぶしゅうしん》……比丘《びく》、比丘尼《びくに》、優婆塞《うばそく》、優婆夷《うばい》。
五、四婦女身《しぶにょにん》……長者婦女《ぶにょ》、居士婦女、宰官婦女、婆羅門婦女。
六、二童身……童男《どうなん》、童女《どうにょ》。
七、八部衆身《はちぶしゅうしん》……天、竜、夜叉《やしゃ》、乾闥婆《けんだつぱ》、阿修羅《あしゅら》、迦楼羅《かるら》、緊那羅《きんなら》、摩睺羅伽《まごらか》、
人、非人。
八、執金剛神身《しゅうこんごうじんしん》……執金剛神。

以上ですが、これだけではいったいなにに変身したのかわかりにくいでしょう。次節で簡単に一身ずつの解説をしてみますので、参考にしてください。

【仏】　これは文字どおり仏さまであり、如来のことです。三九ページの「十界」の図に示されている最上の位が「如来」で、このうえない最高の悟りを得られた方です。

仏は悟ってしまわれたものですから、めったなことでは私たち凡夫の住む「沙婆世界」には舞い降りてきてくださいません。そこで、如来に代わって衆生を救うという大変やっかいなことを修行としている「菩薩」が私たちの前に現れてくださるわけです。

菩薩は「十界図」では第二位のところに位置しています。修行が完成すれば如来になれる存在ですが、いかんせん、救いを求めている衆生は無数ですから、とても完成には至らないでしょう。その菩薩の代表的な存在が、観世音菩薩なのです。

実は、観音さまも、かつて如来だったことがあるのです。というのは、如来や菩薩にもちゃんと「前生《ぜんしょう》」「今生《こんじょう》」「次生《じしょう》」があり、観音さまは前生で如来だったことがあるということなのです。

余談ですが、如来には「過去七仏」という方々がいらっしゃいます。

その名を挙げますと、「毘婆尸仏《びばしぶつ》」「尸棄仏《しきぶつ》」「毘舎浮仏《びしゃふぶつ》」「拘留孫仏《くるそんぶつ》」「拘那含牟尼仏《くなごんむにぶつ》」「迦葉仏《かしょうぶつ》」「釈迦牟尼仏《しゃかむにぶつ》」がそれです。この過去七仏が共通して説かれたという教えが、有名な「七仏通戒偈《しちぶつつうかいげ》」です。

諸悪莫作《しょあくまくさ》　衆善奉行《しゅぜんぶぎょう》　自浄其意《じじょうごい》　是諸仏教《ぜしょぶつきょう》

「諸《もろもろ》の悪を作《な》す莫《なか》れ　衆《もろもろ》の善きことを行い奉《たてまつ》れ　さすれば其《そ》の意《こころ》は自《おのず》から浄《きよ》まらん
是《これ》が諸仏（七仏）の教えである」

実に大正解の教えでありますが、例によって実践となると難儀なことは保証つきであります。この偈《げ》（詩文のこと）は『法句経《ほっくぎょう》』の中の一句だったのですが、禅宗では独立させて「七仏通戒偈」としたのです。

如来に前生があるのですから、観音さまにないわけがありません。観音さまは前生で、「正法明如来《しょうぼうみょうにょらい》」という仏さまでした。「次生」も決まっています。

前生では正法明如来であった観音さまは、救世のためにみずから一ランク下げて菩薩となって私たちと接してくださっているのですが、次生ではまた如来に戻られます。その名を「光明功徳仏《こうみょうくどくぶつ》」といいます。これだけの実力のある観音さまですから、如来にでも菩薩にでも変身ができるわけです。しかし、ここで「仏身」と言ったときには、如来と菩薩の双方を指しています。

【辟支仏《びゃくしぶつ》】梵語《ぼんご》（インドの古語であるサンスクリット語）の「バッチェカ・ブッダ」の音写です。「ブッダ」とは悟った人という意味ですが、師匠につかず、たった一人で悟った人という意味で「独覚《どっかく》」、あるいは、なにかの「縁」に触れて悟った人ということで「縁覚《えんがく》」とも呼ばれます。「十界」の第三位の人です。

ここまで独学できるというのは驚異的です。たいていは、ここまで来る間に迷ってしまうものです。しかし、辟支仏がいささか独善的であることは否めないようです。

私の場合は、授業寺《じゅごうじ》が熱海市の医王寺ですので、住職の高田定信《たかだじょうしん》師がお師匠さまです。高田定信師の師匠は釈大眉《しゃくたいび》老師で、その門下からは、建長寺の管長だった中川貫道老師が出ておられます。

【声聞《しょうもん》】独覚に対して、師の声（教え）を聞いて悟りを得たものです。悟りとはいっても、辟支仏（独覚）や声聞のそれは自分一人のみの悟りで、これはあまり好きなことばではないのですが、「小乗《しょうじょう》」と呼ばれます。それぞれ自分だけが乗る独覚、声聞という小さい一台ずつの乗り物なので、両者をまとめて「二乗」という言い方をすることがあります。自分だけが悟れればよくて、他を救おうとはしないわけで、これでは本来の悟りとはいえないかもしれません。自分がおいしいものを食べたのなら、他者にも分け与えていくというのが大乗仏教の基本姿勢といえましょう。

【梵王《ぼんのう》】 梵王は、「梵天さま」の名で私たちに親しまれております。仏教の守護者として、釈迦を側面から支え、励ましてきた人です。

釈迦が自分のあと継ぎを決めるとき、霊鷲山会上《りょうじゅせんえじょう》でおぜいの人の前でなにも語らず、ただ金波羅華《こんぱらげ》（金色の蓮華）を拈《ねん》じて破顔微笑《はがんみしょう》したのですが、それを見て摩訶迦葉《まかかしょう》（釈迦の十大弟子の一人で頭陀行《ずだぎょう》第一の人といわれる）だけが微笑を返しました。それで二代目が決定したのですが、この一事を「不立文字《ふりゅうもんじ》」といって禅の奥義とされています。しかし、長くなりますのでここでは割愛いたします。

その金波羅華を釈迦に差し出したのが梵天王なのです。梵王は、釈迦及び仏教の熱烈な支持者です。釈迦は衆生に何度も説法いたしますが、なかなか理解されません。さすがの釈迦も、「もうやめた」という気持ちになってしまいます。しかし、そのつど「そう言わずにどうか続けてください。ほら、あそこに一人、理解してくれた人がいますよ。あきらめないでください」と釈迦を励まします。これを「梵天三勧請《ぼんてんさんかんじょう》」といいます。

実は、私も各地に月に二回ぐらいの割で、講演というのでしょうか、法話に出かけますが、「ほんとうに理解してくれているのかなあ」と思うことがあります。私の場合は、釈迦の場合とは違い、単純に学識不足で話がおもしろくないからなのですが、それでもそのようにオチコムときがあります。そんなとき、梵天王のように励ましてくれる人がいたら、どんなに心強いだろうと思います。目下私を励ましてくれるのは、正直言ってうちの山の神（女房）ぐらいではないかと思っています。なにしろ人気がありませんから。

【帝釈天《たいしゃくてん》】先の梵王を含めて六天身と呼びますが、すべて天界の神のことで、仏教の守(外）護神です。その一人、帝釈天は梵名を「インドラ」といいます。インドの国名の語源でもあり、仏教成立以前からインドでは深く信仰されていた神だったのです。それを仏教は、例によって巧みに守護神として取り入れたのです。

帝釈天は「忉利天《とうりてん》」というところのご主人です。忉利天の説明は割愛いたしますが、仏教的宇宙の一角と申し上げておきます。

【自在天《じざいてん》】 梵名を「イーシュバラ」といい、バラモン教の神が仏教にトレードされたものです。「自由自在に」という意味の神なのですが、奇妙なことに、悪魔的色彩が強いのです。それが仏さまの仲間入りをするのですからおもしろいものです。

こうした例をあげれば、「鬼子母神《きしもじん》」や「大黒天」などもそうです。ところ変われば品変わるで、日本に入ってくると悪魔までが善神になってしまうのが愉快です。

それにしても、仏教はダイナミックなまでに他教の神々を味方に引き入れてしまうものだと感心させられます。現代の企業買収の比ではありません。

【大自在天《だいじざいてん》】 これも仏教成立以前からの神で、「万物創造の神」とされています。菩薩は衆生を救う役目を持っていますが、不死身ではなく、死ぬときがあります。菩薩が死亡すると、この大自在天になるといわれています。

仏教は、信仰を離れてみても、実にユニークなSF的ストーリー構成になっていると思います。それこそ「大自在」にストーリーが創られているといってよいでしょう。

【天大将軍《てんだいしょうぐん》】 「天」とは、帝釈天が主人である「忉利天」を指すのですが、そこの大将軍なのです。陸軍なのか海軍なのかは示されていませんが、きっと陸・海・空三軍の大将軍なのでしょう。このお方もバラモン教の神からのトレードです。

【毘沙門天《びしゃもんてん》】　四天王と呼ばれる中の一人で、その場合は「多聞天《たもんてん》」と呼ばれます。「持国天《じこくてん》」「増長天《ぞうじょうてん》」「広目天《こうもくてん》」とともに四天王と呼ばれ、帝釈天の忉利天の東西南北を守護しています。このように、天界で圧倒的に偉いのは梵天と帝釈天で、別格の存在です。

毘沙門天は「七福神」の一人としてもよく知られています。七福神に入っているのは、財宝の神ということだからです。つまり、お金持ちなのです。

【小王《しょうおう》】　小王といっても、小さな王さまという意味ではありません。天の世界の王を「大王」というのに対して、人間の世界の王さまを「小王」というのです。ここからは、観音さまは人間に変身します。

【長者】　お金持ちのこと。

【居士《こじ》】　在家の男性仏教徒のことですが、居士の中にはとんでもない人がおりまして、文殊菩薩に「こらっ！」と説教をする人もいるのです。「維摩居士《ゆいまこじ》」といいまして、その説教がそのまま経典になっており、ちなみに『維摩経《ゆいまぎょう》』といいます。

仏さまが信者から説教をされるという発想が実にユニークです。維摩さんは、実は観音さまだったのかな。

【宰官《さいかん》】　説明不用でしょう。役人のことです。

【婆羅門《ばらもん》】　バラモン教の僧侶階級の人のことです。『観音経』ができたころは、バラモン教の影響がまだ強く仏教にあったということでしょう。

【比丘《びく》・比丘尼《びくに》】　僧侶と尼僧のこと。同じ僧侶でも、沙弥《しゃみ》と比べれば比丘のほうが守るべき戒律が多く、格が上です。

【優婆塞《うばそく》・優婆夷《うばい》】　僧と在家の中間の立場の男性・女性で、在家の修行者とでもいった感じの人です。

【婦女《ぶにょ》】「婦《ぶ》」は夫人《ぶにん》、「女《にょ》」は独身女性で、長者、居士、宰官、婆羅門の四婦女ということです。観音さまは女性にも変身します。

【童男《どうなん》・童女《どうにょ》】　子供たちです。

【天】　ここからは「八部衆身」、または「釈迦八部衆」といって、釈迦の眷属《けんぞく》でもあります。「天」は天界の神々のことです。

【竜】　ドラゴンのこと。これも仏教の守護をする動物ということになっております。

【夜叉《やしゃ》】梵名「ヤクシャ」の音写で、鬼の一種です。「天夜叉」「地夜叉」「虚空夜叉」の三種がいて、人を殺して食います。最近では、異なった意味で「人を食った」職業というのがあります。私のような生ぐさ坊主もこの枠組に入るのでしょう。

【乾闥婆《けんだつぱ》】梵名「ガンダルバ」の音写で、音楽師です。天界の鬼人の一人なのですが、天才的ににおいに敏感といわれます。

中陰のとき、亡者は香を食べるといわれていますが、それとなにか関係があるのでしょう。それが焼香の由来ともいわれていますが、いずれにしてもにおいに敏感だという点でなにか関係がありそうです。

【阿修羅《あしゅら》】梵名「アスラ」の音写。バラモンの神で、好戦的です。仏教に入って守護神となりました。血みどろの戦いの場を「修羅場」といいますが、できるかぎり近寄りたくないものです。最近では男女の関係で修羅場が多くなっているように見受けられますが、こもクワバラ、クワバラです。

【迦楼羅《かるら》】梵名「ガルダ」の音写。金翅鳥《こんじちょう》などと訳されます。

【緊那羅《きんなら》】梵名「キンナラ」で、神ともつかず人間ともつかず、神通力を持った奇妙な存在です。いずれにしても、八部衆の中にはあまりマトモなのはおりません。

【摩睺羅伽《まごらか》】梵名「マホラガ」の音写です。大蛇のようなものということなのですが、どんな生き物なのでしょうか。人間でないことは確かなようです。

【執金剛神《しゅうこんごうしん》】私たちには「仁王《におう》さま」の名で知られています。「金剛力士」とも呼ばれており、たいてい寺院の山門で恐ろしい顔をして立っています。

こうして三十三身に変身して私たちに法を説き、救ってくださるのが観音さまですが、三十三身とは、例によって経典の比喩です。平たく言えば、あらゆる者に変じて私たちを導いてくれるのだと受け取るのが正しいでしょう。

私は先に悟りと納得について述べました。この「納得」の語を聞いたのは、実は私の乗ったタクシーの運転手さんからだったのです。僧形の私に、運転手さんはこう言いました。

「私のオジさんも坊さんだったんですけどね。奥さんの実家の会社を引き継いで、坊さんをやめちゃってね(還俗《げんぞく》の意か?)。そのオジさんがやめるときに、仏教ってのは、どこまでやってもキリがないんだが、要は納得度の問題だよって言ったんですがね」

このことばを聞いた瞬間、私は脳天に雷が落ちたような衝撃を受けて、それ以来その「納得」という語が私の頭の中に住みついてしまいました。このことばを教えてくれた運転手さんは、私にとってまさしく観世音菩薩だったのです。

観音さまはどこにおられるのかまったくわかりません。いま私たちの目の前にいるのかもしれないのです。聞く者が聞く耳と聞く心を持たないかぎり、観音さまはそのお姿を現してはくれません。

無上菩提《むじょうぼだい》を演説する師に値《あ》わんには、種姓《しゅじょう》を観ずること莫《なか》れ、容顔を見ること莫れ、非を嫌うこと莫れ、行いを考うること莫れ。（「修証義」）

「この上ない目覚めの道を説く人は師である。師と思う人に会ったなら、その説くところこそがたいせつなのであって、その人の立場や、顔つきや、好き嫌いや、その人の行いで判断してはならない。教えそのものが師なのである」

師の文字を「観世音菩薩」と置き換えていただければ、私の意は尽くせたことになります。

# 畏《おそ》れを除く観音さま

無《むー》
尽《じん》意《にー》。是《ぜー》観《かん》世《ぜー》音《おん》菩《ぼー》
薩《さー》。成《じょう》就《じゅー》如《にょー》是《ぜー》功《くー》徳《どく》。
以《いー》種《しゅー》種《じゅー》形《ぎょう》。遊《ゆー》諸《しょー》国《こく》
土《どー》。度《どー》脱《だつ》衆《しゅー》生《じょう》。是《ぜー》故《こー》
汝《にょー》等《とう》。応《おう》当《とう》一《いっ》心《しん》供《くー》
養《よう》観《かん》世《ぜー》音《おん》菩《ぼー》薩《さー》。是《ぜー》
観《かん》世《ぜー》音《おん》菩《ぼー》薩《さー》摩《まー》訶《かー》

無《む》尽《じん》意《に》菩《ぼ》薩《さつ》よ、この観音さまはこのような功徳《くどく》を完成させ、ありとあらゆる形を現してこの娑婆《しゃば》国土《こくど》に姿を現し、人々を救うのです。

このために、おまえたちは一心に観音さまに供養しなければなりません。

この観音さまは、畏《おそ》れや急な難儀の中にあっても、よく無畏《むい》を施すのです。このためこ

薩《さー》。於《おー》怖《ふー》畏《いー》急《きゅう》難《なん》之《しー》中《ちゅう》。能《のう》施《せー》無《むー》畏《いー》。是《ぜー》故《こー》此《しー》娑《しゃー》婆《ばー》世《せー》界《かい》。皆《かい》号《ごう》之《しー》為《いー》施《せー》無《むー》畏《いー》者《しゃー》。

与願印

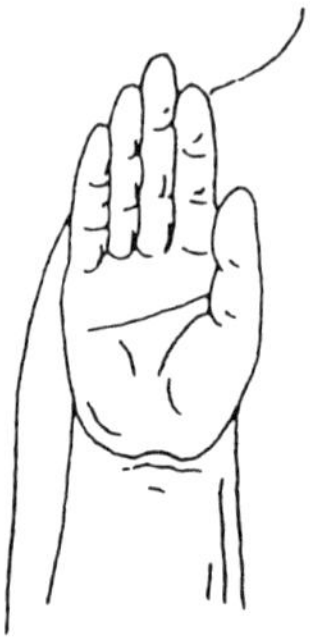

施無畏印

の娑婆世界にいるものは、観音さまのことを施《せ》無《む》畏《い》者《しゃ》とお呼びしております」と。

　ここでも信心を重ねるようにと説きます。文中、「施無畏者」とは「畏れる（恐れる）ことはありませんよ」と「苦（恐怖）を取り除くお方」ということです。

　観音さまは慈悲の仏です。慈悲とは、「楽を与え（与願）、苦を抜く（施無畏）」ことです。「抜苦与楽」の仏が観音さまなのです。だから観音さまは手の形（印形《ムドラー》）を「施無畏印」と「与願印」とにしておられるのです。

# 首飾りの供養

無《むー》尽《じん》意《にー》菩《ぼー》薩《さー》。白《びゃく》仏《ぶつ》言《ごん》。世《せー》尊《そん》。我《がー》今《こん》当《とう》供《くー》養《よー》観《かん》世《ぜー》音《おん》菩《ぼー》薩《さー》。即《そく》解《げー》頸《きょう》衆《しゅー》宝《ほう》珠《しゅー　じゅー》瓔《よう》珞《らく》。価《げー》直《じき》百《ひゃく》千《せん》両《りょう》金《ごん》。而《にー》以《いー》与《よー》之《しー》。作《さー》是《ぜー》言《ごん》。仁《にん》者《じゃー　しゃー》。受《じゅー》此《しー》法《ほっ　ほう》施《せー》。珍《ちん》宝《ぼう》瓔《よう》

無《む》尽《じん》意《に》菩《ぼ》薩《さつ》は仏に言われた。「世尊よ、私はいま、観音さまに供養いたします」と。そして、頸《くび》にかけてあった高価な宝玉《ほうぎょく》の首飾りを取って、これを観音さまに供養して「どうかあなたさま、この宝玉の首飾りをお受け取りください」と申し出た。そのときに観音さまは、あえてこれをお受けにならなかった。

珞《らく》。時《じー》観《かん》世《ぜー》音《おん》菩《ぼー》薩《さー》。
不《ふー》肯《こー》受《じゅー》之《しー》。無《むー》尽《じん》意《にー》。
復《ぶー》白《びゃく》観《かん》世《ぜー》音《おん》菩《ぼー》薩《さー》
言《ごん》。仁《にん》者《しゃー》。愍《みん》我《がー》等《とう》故《こー》。
受《じゅー》此《しー》瓔《よう》珞《らく》。爾《にー》時《じー》仏《ぶつ》
告《ごう》観《かん》世《ぜー》音《おん》菩《ぼー》薩《さー》。当《とう》
愍《みん》此《しー》無《むー》尽《じん》意《にー》菩《ぼー》薩《さー》。
及《ぎゅう》四《しー》衆《しゅう》。天《てん》竜《りゅう》。夜《やー》叉《しゃー》。
乾《けん》闥《だつ》婆《ばー》。阿《あー》修《しゅー》羅《らー》。迦《かー》
楼《るー》羅《らー》。緊《きん》那《なー》羅《らー》。摩《まー》睺《ごー》
羅《らー》伽《がー》。人《にん》非《ぴー》人《にん》等《とう》故《こー》。
受《じゅー》是《ぜー》瓔《よう》珞《らく》。即《そく》時《じー》観《かん》
世《ぜー》音《おん》菩《ぼー》薩《さー》。愍《みん》諸《しょー》四《しー》
衆《しゅー》。及《ぎゅう》於《おー》天《てん》。龍《りゅう》。人《にん》非《ぴー》

無尽意菩薩はさらに重ねて観音さまに言われた。「あなたさま、私たちの気持ちを哀れと思われたら、この首飾りをお納めください」と。

そのとき、仏は観音さまにお告げになった。「この無尽意菩薩をはじめとして、男僧、尼僧、在俗の仏教信者、天、竜、悪神、音楽師、闘争神、金翅鳥《こんじちょう》、歌神《かしん》、蛇神《じゃしん》、人非人《にんぴにん》などの気持ちを哀れに思ったならば、その首飾りをお受けなさい」と言うや否や、観音さまはこれらの人々を哀れんで、この首飾りをお受け取りになり、二つに分けて、一つは釈迦仏に、一つは多宝仏にさしあげました。

人《にん》等《とう》。受《じゅー》其《ごー》瓔《よう》珞《らく》。分《ぶん》
作《さー》二《にー》分《ぶん》。一《いち》分《ぶん》奉《ぶー》釈《しゃー》
迦《かー》牟《むー》尼《にー》仏《ぶつ》。一《いち》分《ぶん》奉《ぶー》
多《たー》宝《ほう》仏《ぶつ》塔《とう》。無《むー》尽《じん》意《にー》。
観《かん》世《ぜー》音《おん》菩《ぼー》薩《さー》。有《うー》如《にょー》
是《ぜー》自《じー》在《ざい》神《じん》力《りき》。遊《ゆう》於《おー》
娑《しゃー》婆《ばー》世《せー》界《かい》。爾《にー》時《じー》無《むー》
尽《じん》意《にー》菩《ぼー》薩《さー》。以《いー》偈《げー》問《もん》
曰《わつ》。

無尽意菩薩よ、観音さまはこのように自由自在の神通力をもってこの娑婆《しゃば》世界《せかい》に遊んでおります。

そのとき、無尽意菩薩は再び偈文《げもん》で尋ねられた。

現代語訳にあるように、無尽意菩薩は自分が首にかけていた価《げ》直《じき》百《ひゃく》千《せん》両《りょう》金《ごん》の首飾りを外して観音さまに供養しようとするのですが、観音さまはこれをお受け取りになりません。さらに供養を願い出る無尽意菩薩を見かねたのでしょうか、世尊が観音さまに首飾りを受け取るように口添えをします。そこで観音さまは人々の気持ちを哀み、首飾りを受け取ります。そしてその首飾りを二つに分け、一つを世尊に、もう一つを多宝仏にさしあげたというのです。

ここで説かれていることは、「布施の心」です。お布施というと、皆さんは葬式や法事のときに僧侶にさし出す金包みというイメージがあるのではありませんか。残念ながら、現実にはそのようになってしまっている面が強くあります。私自身も僧侶ですので、そうしたお布施をいただいて寺院の経営資金にあてさせていただいているのも事実です。

布施には二種あります。「財施《ざいせ》」と「法施《ほうせ》」です。財施は文字どおり財物を指しています。平たく言えば金品です。対して法施とは、「法を施すこと」です。前者の多くが衆生から仏への供養となるのに対して、後者は仏から衆生へという図式になるのだと思います。

布施に関しては、道元禅師が次のように説いておられます。少々長いのですが、重要なことですのでそれを掲げます。

其《その》布施というは貪《むさぼ》らざるなり、我物《わがもの》に非《あら》ざれども布施を障《さ》えざる道理あり、其物《そのもの》の軽《かろ》きを嫌わず、其功《そのこう》の実《じつ》なるべきなり、然《しか》あれば即《すなわ》ち一句《いっく》一偈《いちげ》の法をも布施すべし、此生佗生《ししようたしよう》の善種となる、一銭一草《いっせんいっそう》の財《たから》をも布施すべし、此世佗世《しせたせ》の善根《ぜんごん》を兆《きざ》す、法も財なるべし、財も法なるべし、但彼《ただかれ》が報謝を貪《むさぼ》らず、自《みず》からが力を頒《わか》つなり、舟を置き橋を渡すも布施の檀度《だんど》なり、治生産業《ちしようさんぎよう》固《もと》より布施に非《あら》ざること無し。（『修証義』）

布施とは施しをすることで、分かち合うことです。それには自分一人が貪《むさぼ》るようなことをしてはいけません。この世は自分一人で生きていけるところではありません。自分一人が幸福ならばそれでよいということでは困ります。他人の幸福が、結局は自分の幸福につながるのです。だから、たいせつなことは分け合うことです。

例えば布施をしようとしている人がいたとして、その行為をじゃま立てしないことも間接的な布施なのです。布施は施物の価値を問うものではありません。布施をしようという その心根自体が尊いものなのです。

ですから、ほんの短い経文でもいいから、法を説いて布施としなさい。そのことは、みんなにとって世の中の善い種となり、幸福を育てていくことになるのです。また、短い経文を布施するのと同じように、たとえ一銭でも一草でも、財施として供養しなさい。そうすれば、この世も他の世も善き根をはびこらせて、幸福の基を作ることになるのです。

法施も財施も、そのこころざしについてはまったく同じものです。そうした他の人々の布施の心を貪ることなく、自分の力を分かち合うように心がけなさい。渡し舟を置いたり、橋をかけたりといった社会事業もりっぱな布施です。他人に迷惑をかけることなく生活することも、仕事をすることも、結果的に布施でないということはないのです。

だいぶ私流に意訳してしまいましたが、以上のようなことが布施の根本的な精神といえます。もう一つ、布施の根本的な精神を示すことの一つとして「三輪清浄《さんりんしょうじょう》の施《せ》」という教えがありますので、そのことについて触れることにいたします。

布施というのは三者で成立いたします。一者は布施をする人で、これを「施者《せしゃ》」といいます。もう一者は「受者《じゅしゃ》」といい、布施を受ける人です。そして、三つ目は「施物《せもつ》」です。先に言いましたように、施物には法施と財施がありますが、どちらもその重みは同じです。

この施者・受者・施物が輪のように輪転していくことがたいせつなのです。「三つの輪」で「三輪」です。そして、その三輪（施者・受者・施物）がなんのわだかまりもない清浄なものでなかったら、布施は布施とならないという教えです。

布施は、なにか見返りを求めてするものではありません。施すこと自体が喜びでなければならないのです。そのために「喜捨」ということばもあります。喜んで捨てる（施す）ということです。施者はこの時点ですでに歓喜を得ているのですから、そのうえなお見返りを求めるというのは布施の精神に反することとなります。なにかの見返りを求めたものは、布施ではなく「取り引き」となってしまいます。この取り引きの気持ちを抱いた瞬間から施者は施者の座を降り、施物も汚れたものとなってしまうのです。

これは受者にもいえます。受者が布施をしてもらったからなにかをしてやろうというのではいけません。本来的に、布施は仏さまになされるものです。仏さまが、「布施してもらったからここは一番救ってやろう」などと思うはずがないではないですか。

現在ですと、布施を受けるのは圧倒的に寺院をお預かりしている僧侶ということになるでしょう。しかし、これは仏になり代わって受者となっているに過ぎないのです。ですから、受者が世俗的な意味合いで施物に対して価値判断を下してみたり、必要以上に恩義を感じてペコペコと頭を下げて礼を言うのも奇妙なことです。施者は仏さまに布施しているのに、僧が何度も礼を述べたりしたら、僧自身が受けたものと誤解を招いてしまいます。

## 釈迦の慈悲

無尽意菩薩《むじんにぼさつ》は、首飾りを外して観音さまに「どうぞお受け取りください」とさし出します。首飾りは、「価値百千両金」というとんでもないものです。この場合、首飾りが「施物《せもつ》」で無尽意菩薩が「施者《せしゃ》」、観音さまが「受者《じゅしゃ》」という構図です。

しかし、観音さまはその施物をお受け取りになりません。なぜでしょう。不思議なことです。観音さまは、無尽意菩薩を代表者とする私たち凡夫である衆生に、無言で「三輪清浄《さんりんしょうじょう》の施《せ》」を説いておられるのです。観音さまのお心の中には、次のようなことばがあったに違いありません。

「無尽意菩薩よ、あなたの気持ちは十分にわかっているけれども、残念ながら施物を供養すべき相手をお間違いではありませんか。真に供養すべきお方は、私ではなく仏さま(世尊)なのですよ。それなのに、私が受け取れるわけがないではありませんか。違いますか?」

さらに、こうも思われたに違いありません。

「無尽意菩薩よ、あなたは世尊から私のすべてをつくづくと説かれて、ああ、私になにもかも頼めばよい。そうすれば救われると思いましたね。そうして、頼むからには、施物を供養しようと思ったのではありませんか。その気持ちが、世尊がこの場におられるというのに、私に直接施物をさし出すという行為となって表れてしまったのですよ」

確かにそうですね。これでは、先に述べたように取り引きの報酬となってしまいます。清浄な施物ではありません。これでは観音さまもお受け取りにはなれません。

布施は無心無欲のものでなければなりません。布施という行為自体に価値があり、歓喜があるのです。現在、日本から多くの人たちが恵まれない外国にボランティアとして出かけています。あるいは、これもボランティアとして体の不自由な人たちの介護などにあたっています。これはりっぱな布施です。しかし、「私、ボランティアでなになにをしたの、すごいでしょう」とほめてもらおうとしたり自慢をしたら、もうそれはボランティアでもなければ布施でもありません。

行為自体で、自分は一度歓喜しているではありませんか。そのうえでの賞賛や自慢のおねだりは、いわば「二度取り」です。繰り返しますが、布施は施し（分け合うこと）の修行です。無心の中に歓喜を求めてください。無心なのに歓喜があるというのも妙なものですが、そのような言い方でよいかと思います。

さて、経典では無尽意菩薩はそこで引き下がらず、自分たちが哀れだと思ったら受け取ってほしいと観音さまにさらに首飾りをさし出します。よろしいですか、無尽意菩薩は「菩薩」の位ではありますが、「対告衆《たいごうしゅ》」として私たち凡夫、衆生を代表されているお方なのです。そして、その場面ではまさしく衆生そのものになっておられるのです。もののみごとに凡夫の愚かしさを表現されておられるのです。

すでに、観音さまはことばこそ発しませんが、受け取らないという態度で教えを示されています。「ああ、無尽意菩薩よ。私の気持ちがわからぬのか……」というのが観音さまのお気持ちです。

それがわからないから衆生なのです。このくだりは書いていて涙が出ます。私自身も情けないまでに凡夫です。しかし、仏は「愚の如《ごと》く、魯《ろ》（愚かなこと）の如く」（『宝鏡三昧《ほうきょうさんまい》』）と言っておられます。つまり、「ああ、凡夫でよい。愚鈍でよい」ということです。そのために、私たちには仏のみ光があるではないか。人は、たとえ愚であっても、いや、愚であるからこそみ仏さまの救済にあずかれるのです。

無尽意菩薩もまた愚かに、わからないながらに、乳飲み子が母の乳房を求めるように、ひたすら「哀れと思うのなら受け取ってください」と首飾りをさし出しました。シッポを振って近づいてくるかわいい子犬を蹴ることができましょうか。世尊はすかさず救いのことばを観音さまに向けました。

「無尽意菩薩（衆生）をはじめとして、皆々の気持ちを哀れに思ったならば、その首飾り（施物）をお受けなさい」

これは重要なことばです。無尽意菩薩の言った「哀れと思うなら」ということばは、衆生としての一人称です。愚かとも気づかずに、「ねえ、お願いだから」と迫ったものです。

それに対して世尊の言う「哀れ」は、「こういうものたちだが、わが子である。そういうわが子たちの必死の思いを哀れに思うのなら首飾りを受けよ」という二重の意味の「哀れ」

なのです。ちょっとややこしいかもしれませんが、無尽意菩薩の「哀れ」は単純に自分のための「哀れ」であり、世尊の「哀れ」は、そうしたわが子（衆生）の「哀れ」を一度受け止めて、慈悲の心で説いた百もわかっている「哀れ」なのです。この差を理解していただきませんと、世尊の慈悲がわからないままになってしまいます。

慈悲と智慧の仏が観音さまです。世尊の告げられたことばがわからないはずはありません。だから、すぐに理解されて首飾りを受け取られました。しかし、観音さまはすぐにその首飾りを二つに分けて、釈迦牟尼仏と多宝仏とにさし上げてしまったのです。

釈迦牟尼仏は、本来供養されるべき仏さまです。布施はこの方にさし上げられるべきものだったのです。

では、世尊である釈迦牟尼仏に施物である首飾りを供養したのは理解できましたが、なぜ多宝仏にもご供養としてさし出したのでしょうか。次に、そのことについて触れてみたいと思います。

## 布施の厳しさ

『観音経の現代的入門』(遠藤誠著・長崎出版)という本があります。私は、この原稿を執筆するにあたって、それなりに類書を参考までに勉強させていただきましたが、総じての感想は、『観音経』という共通のモチーフであっても、当然のことなのですが、著者が異なるとこれほどまでに見方が変化するものなのかということでした。

『観音経の現代的入門』は、著者が僧侶や仏教学者ではなく、弁護士であるという点でユニークでした。遠藤氏は、門外漢の私にはよくわからないのですが、報道されているかぎりの知識では、「暴対法」と呼ばれている法律を巡り、山口組という組織の弁護活動をなさっているお方のようです。ご本人にお会いしたことがありませんのでこのようにしか言えませんが、推察するに、裁判というもっとも人間同士の利害が激突する場でお仕事をなさっていらっしゃる。言ってみれば、白刃の上を歩くような「修羅場」をくぐり抜けてきているお方でしょう。それだけに、著作中のエピソードの一つひとつに迫力と説得力がおありになる。「坊主」に関しても一刀両断で小気味がいいのですが、その根底には優しさがあります。大変なご労作だと思います。

遠藤氏は、『般若心経』(岩波文庫)の和訳を中村元先生と共著でおやりになった紀野一義先生の門下で、仏教を修行なさり、「在家禅」の道場を主宰なさっておられますので、その仏教面での博識では私など足もとにも及びません。このような方がおられること自体、仏教にとって心強い限りといえましょう。同書からたいせつなことを引用させていただくにあたり、執筆中に同氏の事務所に電話を入れさせていただいてご了解を求めたところ、ご快諾をいただいたことに感謝し、引用させていただきます。

まず瓔珞《ようらく》(首飾りのこと=筆者注)とは何か。それは、いのちのことなのです。それは、無尽意菩薩にとって、最も大事な、最も尊い、『価直《げじき》百千両金《ごん》』のいのちなのです。

（中略）

そうすると、瓔珞を捧げるということは、いのちを捧げるということになります。そして、いのちを捧げるということは、最大の供養であります。すなわち捨身供養。しからば、無尽意さんは、このとき、観音さまに、なぜ、いのちまで捧げようとしたのか。それは、人間は、歓びの絶頂において、自分のいのちをその歓びを自分に与えてくれた人、すなわち愛する人・尊敬する人・信ずる人に、捧げようとするものなのです。そして、この場合の無尽意さんの心理構造は、まさにそのようなものであったのです。

ところが、人間のいのちというものは、特定の人・特定のものに、捧げられるべきものではないのです。それは、如来に捧げられるべきものなのです。あるいは、法・真理にたいして、捧げられるべきものなのです。

ここの所を、観音さまは、混同しなかった。だから、自分に捧げられたその瓔珞を、受け取らなかったのです。

つまり、観音さまは、いのちを捧げるべき相手は、つねに、仏と法のみであるということを、はっきりと態度で示されたのです。

（『観音経の現代的入門』）

この場合の布施とは「いのち」であると同書では言っておりますが、これは、遠藤氏が師（紀野一義師）から相承《そうじょう》したものであると述べておられます。大変明解で奥行きのある解《げ》説《せつ》です。私の申し述べてきたことと同義ではありますが、すでに「いのち」という解説がなされている以上、これが終着の論でありますので、「紀野・遠藤説」を引用するほかなくなりました。

同書には、「いのち」に関連して、「捨身供養《しゃしんくよう》」という語句が登場します。これは文字どおり身命を捨てて他に供養することで、釈迦の前世の物語を集めた「ジャータカ」（仏本生《ぶつほんじょう》譚《たん》）という説話集などに多く出てきます。その一つに、有名な「餓虎投身《がことうしん》」もしくは「捨身《しゃしん》虎児《こじ》」と呼ばれる話があります。前世の釈迦が飢えた虎の子を見て、わざわざわが身を投げ与えたというものです。

捨身供養については、禅宗の宗祖達磨《だるま》大師《だいし》の挿話にも次のような有名な話があります。

インドから中国に渡ってきた達磨大師は、嵩山《すうざん》というところで洞穴にこもり、面壁《めんぺき》九年といわれる坐禅の修行をしていました。達磨大師は、釈迦より仏教を的々相承《てきてきそうじょう》して二十八代目ということになっています。

その達磨大師のもとに、弟子にしてほしいと願い出る人が現れました。のちに禅宗を達磨大師から継いで二代目となった慧可《えか》（僧可ともいいます）大祖禅師《だいそぜんじ》その人です。

慧可は何度入門をお願いしても断られますが、やっとのことで面会を許されます。その慧可に、達磨大師は「おまえの大事なものを持ってきたら入門を許してやる」と言います。「私の大事なもの?」と、慧可は真剣に考えて悩み抜きました。そして、ある大事なものを達磨大師のもとに持参しました。それは慧可自身の臂《ひじ》でした。たいせつな臂を断ってさし出したのです。

しかし、達磨大師は「なんだ?」という表情をして、次に、「おまえの心をよこせ」と言いました。突きつめて言えば「いのち」ということでしょう。「捨身供養」です。ちなみに、このエピソードは「慧可断臂《えかだんぴ》」と呼ばれ、よく知られた話です。

「布施＝いのち」は、りんと厳しいことばです。

## 人生に遊びを

その無尽意菩薩から首飾り（瓔珞《ようらく》）を受け取ると、観音さまはすかさず二分して釈迦牟尼仏と多宝仏にさし出しました。釈迦は『法華経』を舞台とする時代の現在仏ですが、多宝仏は過去仏の代表です。多宝仏は『法華経』の「見宝塔品《けんほうとうほん》」に登場してくる釈迦出現以前の仏教の王者、つまり過去仏として登場してくるのです。

観音さまは、人々（衆生）の求めに応じて出現した現在仏の釈迦牟尼仏と、過去仏の多宝仏の双方に首飾りをさし出されたのです。これは、「過去も現在も変わることなく、仏教の王者である仏に帰依いたします」という信仰の深さを具体的に表現したということを表しています。

「無尽意菩薩よ、観音さまは、このように自由自在の神通力で、この世を遊んでいるのですよ」

世尊は再度、観音さまのお力とそのありようをお説きになられます。ここで触れておかなくてはならないのは、「遊ぶ」ということについてでしょう。

「菩薩《ぼさつ》清涼《しょうりょう》の月、畢竟《ひっきょう》空《くう》に遊ぶ」という大変美しいことばがあります。涼やかで澄み切った月は、菩薩のようであります。あるいは、澄み切った菩薩のお姿は清涼の月のようでありますでもよいでしょう。そして、そのお姿は突きつめてみれば、空《くう》(悟りの世界)の中で自在に「遊」んでいるというものです。

この遊んでいる状態を「遊戯《ゆげ》」といい、「遊戯三昧《ゆげざんまい》」などと使います。「三昧《さんまい》」とは、なにかになり切ることです。ですから、遊戯三昧とは遊びにひたり切る、遊びそのものになるということです。

遊ぶというと、私たちはどうしてもふまじめなことを考えてしまいがちですが、仏教では、遊ぶというのはいい意味で使われるのです。私たち凡夫は、人を救うなどといったら、それこそ真剣そのものになってしまいます。しかし、そんなときこそ遊びの精神が必要なのです。なにかを真剣にやらなければならないときほど、体を柔らかくして、肩の力を抜いてことにあたる必要があるのではないでしょうか。

私が小説で新人文学賞をいただいたパーティーでの席だったと記憶しておりますが、池波正太郎先生にお会いいたしました。池波先生には、すでに「必殺仕掛人シリーズ」や「鬼平犯科帳」といった数え切れないヒット作があり、新人賞をとったばかりの私にしたら雲上人ですから、当然のことながら私のほうは緊張しておりました。

すると池波先生は、「いまのきみには、きみの実力以上のものは書けないんだ。だからね、肩の力を抜いて書きなさい」と優しく言われました。リラックスしろというわけです。

遊ぶ心が必要なのです。自動車のハンドルにも遊びがあります。遊びがありませんと、逆にハンドルが切れすぎて運転が難しく、危険なことになってしまいます。

人生にも、遊びは重要な意味を持っています。けれども、得てして遊びには強い魅力がありますから、その誘惑に負けて遊びすぎてしまうなどということがあります。しかし、遊びを知っている人というのは、人間に幅があります。人間としての器が大きくなるというのは確かでしょう。他人を受け入れることができるようになるのです。

ましてや、菩薩の遊びは悟りを得た遊びですから、心身が自由自在になります。心に罣《けい》礙《げ》（こだわりのこと）がありません。自然体なのです。あるがままの状態で、あらゆることをサラサラと軽くやってのけてしまいます。人を救うのも同様です。こんなことは、私たち凡夫にはできるわけがありません。これが菩薩の遊戯《ゆげ》、遊ぶということなのです。

さて、経典では、「そのとき、無尽意菩薩は再び偈文《げもん》（詩文）によって（世尊に）尋ねられた」と続きます。このくだりは、次章からの「世尊偈《せそんげ》」と呼ばれる偈文にかかる語句なのですが、読誦《どくじゅ》のときにはこの「爾時無尽威菩薩《にじむじんにぼさつ》。以偈問曰《いげもんわつ》」は読まれず、維那《いのう》（読誦の折のリーダー）はいきなり次章から解説する「世尊妙相具《せそんみょうそうぐ》」から挙経《こきょう》（経挙《きょうお》こしともいいます）いたします。

これは、僧侶たちのいう「読み癖《ぐせ》」というたぐいのものでしょう。習慣になっているのです。私も「読み癖」に従って、次章を「世尊偈」から解説することにいたします。

以上で、『観音経』の前半部である「長行《じょうごう》」と呼ばれる散文の部分が終了します。「長行」を通じて言えることは、観世音菩薩の存在自体が慈悲と智慧であるということではないかと思います。観世音菩薩は慈悲と智慧をもともと備えているがゆえに、私たち衆生を、どんなとき、どんな場所、どんな場合であっても、称名、礼拝、供養さえすれば救ってくださると説かれているのです。そして、そのことを信じ切る信仰の力こそが実は偉大なのであって、信仰とは、仏・法・僧の「三宝」に命がけで帰依することなのだと教えてくれているのです。

これは生者だけではなく、死者に対しても説かれているのです。

「南無観世音大菩薩」

この称名こそがすべてのキーワードです。信仰を持つ、持たないは、まったく個人の自由です。信じても信じなくてもかまいません。

ただ、言えることは、正しい信仰を持っている人は、持っていない人よりも強く生き、あるがままに死を受容できて、死後の成仏も速やかであるということなのです。

# 第四章　詩文による観音経

# 仏さまの妙なるお姿

世《せー》尊《そん》妙《みょう》相《そー》具《ぐー》
我《がー》今《こん》重《じゅう》問《もん》彼《ぴー》
仏《ぶっ》子《しー》何《がー》因《いん》縁《ねん》
名《みょう》為《いー》観《かん》世《ぜー》音《おん》
具《ぐー》足《そく》妙《みょう》相《そう》尊《そん》
偈《げー》答《とう》無《むー》尽《じん》意《にー》
汝《にょー》聴《ちょう》観《かん》音《のん》行《ぎょう》
善《ぜん》応《のう》諸《しょー》方《ほう》所《しょー》

仏さまは優れた徳相をお備えになっています。自分はまた重ねて観音《かんのん》さまのことを質問いたします。

仏さま、どういうわけで観世音菩薩《かんぜおんぼさつ》と名づけるのですか。

優れた姿を持った仏は偈文《げもん》によって無尽意《むじんに》菩薩《ぼさつ》にお答えになった。

おまえさん、観音の働きを聞きなさい。あ

弘《ぐー》誓《ぜい》深《じん》如《にょー》海《かい》
歴《りゃっ》劫《こう》不《ふー》思《しー》議《ぎー》
侍《じー》多《たー》千《せん》億《のく》仏《ぶつ》
発《はつ》大《だい》清《しょう》浄《じょう》願《がん》
我《がー》為《いー》汝《にょー》略《りゃく》説《せつ》
聞《もん》名《みょう》及《ぎゅう》見《けん》身《しん》
心《しん》念《ねん》不《ふー》空《くう》過《かー》
能《のう》滅《めつ》諸《しょー》有《うー》苦《くー》

らゆるところに応じ、その誓いは海のように深く、長い時間をかけても、計り知ることができないのです。

限りなく多くのみ仏に仕えて、清くおおいなる願いを起こした。自分はいまおまえさんのために簡単にそれを説こう。

そのみ名《な》を聞き、その身を見て、心に思ってむなしく過ごさなければ、あらゆる苦しみはなくなります。

ここからが「世尊偈《せそんげ》」と呼ばれる『観音経《かんのんぎょう》』の後半部に入ります。一行が漢字五つで一つの文章を構成している漢詩の形式になっています。読誦《どくじゅ》のしかたは長行《じょうごう》のときと変わりはありません。棒読みでいいのです。

これが一般に「世尊偈」と呼ばれているのは、冒頭の一句が「世尊」から始まっているからで、『法華経《ほけきょう》』の「如来寿量品《にょらいじゅりょうほん》」も「自我得仏来《じがとくぶつらい》……」から始まっているため、こちらは「自我偈《じがげ》」と呼ばれています。葬儀や法要などの場では、長行よりも「世尊偈」や「自我偈」のほうが読誦されることが多いといえます。理由は、詩文であるため聞いたときに独特の韻律《いんりつ》があって心地よいことがあげられるでしょう。

前半の長行部でのキーワードは、「南無観世音菩薩《なむかんぜおんぼさつ》」の称名でした。それが後半の偈文部分に入ると、「念彼観音力《ねんぴかんのんりき》」ということばに変わります。意味は、「彼《か》の観音の力を念ずれば」ということです。

実は、長行部と偈文部の意味はほとんど重なっています。散文で説いたものを、再び詩文で説くといった構成になっているからです。ですから、長行を読誦したときには偈文を省略し、偈文だけを読誦するということになるわけです。現在では偈文ばかりが読誦されるものですから、逆に「世尊偈」だけが『観音経』だと思われたりもしているほどです。

偈文の解説からは「意訳」を付しておきたいと思います。その訳は、私の師匠である熱海市の医王寺住職、高田定信《たかだじょうしん》師が発行している施本『信心のしおり』から引用することにいたします。出だしは、「妙《たえ》なるみ相《すがた》もちたもう、仏にたずね奉《たてまつ》る。仏のみ子《こ》の観音を、いかなる故のあればこそ、観世音と名づくるや」と意訳されています。

仏には、妙相と呼ばれている徳相があります。それは三十二相八十種好《しゅごう》（八十随形好《ずいぎょうこう》）といい、例えば螺髪《らほつ》といって髪が渦巻状になっていたり、白毫《びゃくごう》といって眉間《みけん》に白毛《はくもう》が一本右《う》旋《せん》していて常に放光したりしています。仏像の眉間に水晶などがはめ込まれていたりするのは、この白毫を意味しているのです。さらに、手のひらや足の裏には独特の文様があります。また、古い仏像にしか見られないのですが、手の指と指の間には水かき状の膜がついており、これはまんもうと呼ばれています。このような身体的特徴が三十二あるので、三十二相と呼ばれるのです。

仏像彫刻の名人であった仏師が、「三十一相までは彫れた。しかし、三十二相目はどうしても彫れない」と嘆息したという話があります。これは無理もない話で、三十二相目は仏の声の特徴だったからです。いかなる名人でも、声は彫りようがありません。

三十二相を仏の大相といい、八十種好を小相または随相と呼びます。三十二相までは転《てん》輪王《りんおう》も備えていますが、八十種好となると、仏と菩薩《ぼさつ》のみが具備しているといいます。『大《だい》般若経《はんにゃきょう》』の三八一、「諸功徳相品《しょくどくそうほん》」には八十の特徴がすべてあげられていますが、ここでは経名を記すにとどめます。

以上が「世尊妙相具」、「妙なるみ相もちたもう」の意ですが、同時に身《しん》・口《く》・意《い》のすべてが円満（完成）しているというように受け止めていいと思います。

次の「我今重問彼《がこんじゅうもんぴ》」の「我」とは無尽意菩薩《むじんにぼさつ》のことで、私たち衆生の代表者である無尽意が仏に重ねて尋ねたということです。なにをかというと、「仏子何因縁《ぶつしがいんねん》」、「仏のみ子の観音を、いかなる故のあればこそ」と切り出して、「名為観世音《みょういかんぜおん》」、「観世音と名づくるや」と問うたわけです。

それに対して、世尊が同じく偈をもって無尽意に答えます。「具足妙相尊《ぐそくみょうそうそん》　偈答無尽意《がとうむじんに》」がその文言です。「仏、答えてのたまわく、救いを求むる人々の、声に応えて身をはこび、苦しむものを救わんと」というわけです。

偈文は「汝聴観音行《にょちょうかんのんぎょう》　善応諸方所《ぜんのうしょほうしょ》」と続きますが、これらの意味はすでに長行で述べておりますので、重複してしまいます。『観音経』に限らず、経典というのはたいてい散文で説いたあとに偈（詩）で重ねて説きます。

さて、次の「弘誓深如海《ぐぜいじんにょかい》　歴劫不思議《りゃくこうふしぎ》　侍多千億仏《じたせんのくぶつ》　発大清浄願《ほつだいしょうじょうがん》」のところは、意訳では、「深き誓いは海のごとく、はかり知られぬばかりなり、あまたの仏に侍《はべり》きて、清き誓い〈願い〉をたてたもう」（〈 〉内筆者）となります。

原文に「弘誓」「願」の文言が見えます。これらの文字に「四」の字を加えますと、『四《し》弘《ぐ》誓願文《せいがんもん》』という経典のタイトルとなるのです。

【四《し》弘《ぐ》誓願文《せいがんもん》】

衆生無辺誓願度《しゅじょうむへんせいがんど》　煩悩無《ぼんのうむ》尽誓願断《じんせいがんだん》
法門無量誓願学《ほうもんむりょうせいがんがく》　仏道無上誓願成《ぶつどうむじょうせいがんじょう》（三読）

「生命あるものは限りなけれど誓ってみちびかんことを願う。
わずらいなやみは尽くることなけれども、誓って断ちきらんことを願う。
ことわりのかずは、はかりなけれども、誓って学ばんことを願う。
さとりの道ははるかなれども、誓って成しとげんことを願う。

（『臨済宗信行教典』前出）

同書の解説文には、『坐禅儀《ざぜんぎ》』の最初に、「夫《そ》れ般若《はんにゃ》を学ぶ菩薩《ぼさつ》は、先《ま》ず当《まさ》に大悲心《だいひしん》を起《おこ》し、弘誓《ぐぜい》の願《がん》を発《おこ》し、精《たけ》く三昧《さんまい》を修《しゅう》し、誓《ちか》って衆生《しゅじょう》を度《ど》し、一身《いっしん》のために独《ひと》り解脱《げだつ》を求《もと》めざるべきのみ」とあると述べておりますが、私たちが人生に目標を持って生きようとするとき、「誓願」は絶対に必要なことです。そして『四弘誓願』に説かれている内容は、私たちにとって必要な中身を余さず提示してくれているように思います。

『四弘誓願』は、各宗派によって多少文言が異なっていたり、「四」が「五」になっていたりするのですが、最初の一句は「衆生無辺誓願度」であることが多いのです。これには各宗派とも共通した考え方であるようです。「一身のために独り解脱を求めざるべし」ということを意味するわけで、これは大乗仏教徒の基本といってよいでしょう。いわゆる「菩薩行」で、すでに繰り返し述べてきたところであります。

先に進みましょう。「我為《がい》汝略《にょりゃく》 説《せつ》　聞名《もんみょう》 及《ぎゅう》 見身《けんしん》　心念不空過《しんねんふくうか》　能滅諸有《のうめつしょう》苦《く》」のところを、意訳では、「そのあらましを語るべし、大悲のみ名をみすがたを、口に称えつおろがみつ、常に心に念ずれば、苦しみ消えて身はやすし」としています。

『坐禅儀』には「大悲心」とあり、また意訳には「大悲」とありますが、経典に出てくる

「悲」は「慈悲」の意であって、「抜苦」を表すと学んでいます。「大」の字は「摩訶《まか》」という意味ですから、最勝、もっとも勝れたとなりますが、ここでは包容力のある、大きなと受け取ってよいかと思います。

その大悲の観音さまを「常に心に念ずれば、苦しみは消えて身は楽になる」というのです。だからこそ、生前はみずから称《とな》え、死者には供養で称えてあげることです。それが生きている者たちの務めなのです。やがて生者もその寿命を終え、幽界に旅立つことは明々白々です。自分が死者となったときに、遺《のこ》った者たちに供養として観音さまのみ名を称えてほしいと願うのなら、まず自分が故人のために称えることでしょう。自分がやってみせてなかったことを子孫がやってくれるはずはありません。こうしたことは、代々が継承してこそ意味があるのです。

「心念不空過　能滅諸有苦」ということばは、代々にわたって継承し続ける価値を十分すぎるほど持っています。それには、たったいま自分から進んで合掌し、称名してみせることではないでしょうか。何度も述べてきたように、信仰の本質は実践にあるのです。

# 自己の危機

仮《けー》使《しー》興《こう》害《がい》意《いー》
推《すい》落《らく》大《だい》火《かー》坑《きょう》
念《ねん》彼《ぴー》観《かん》音《のん》力《りき》
火《かー》坑《きょう》変《へん》成《じょう》池《ちー》
或《わく》漂《ひょう》流《るー》巨《こー》海《かい》
龍《りゅう》魚《ぎょー》諸《しょー》鬼《きー》難《なん》
念《ねん》彼《ぴー》観《かん》音《のん》力《りき》
波《はー》浪《ろう》不《ふー》能《のう》没《もつ》

例えば害意によって大きな火の坑《あな》に落とされても、かの観音の力を思うならば、火の坑が変わって涼しい池となりましょう。あるいは海原に漂い、竜や魚や鬼神の難に逢っても、かの観音の力を思えば、波も飲み込むことはないでしょう。

或《わく》在《ざい》須《しゅー》弥《みー》峯《ぶー》
為《いー》人《にん》所《しょー》推《すい》堕《だー》
念《ねん》彼《ぴー》観《かん》音《のん》力《りき》
如《にょー》日《にち》虚《こー》空《くう》住《じゅう》
或《わく》被《ひー》悪《あく》人《にん》逐《ちく》
堕《だー》落《らく》金《こん》剛《ごう》山《せん》
念《ねん》彼《ぴー》観《かん》音《のん》力《りき》
不《ふー》能《のう》損《そん》一《いち》毛《もう》
或《わく》値《ちー》《じー》怨《おん》賊《ぞく》繞《にょう》
各《かく》執《しゅう》刀《とう》加《かー》害《がい》
念《ねん》彼《ぴー》観《かん》音《のん》力《りき》
咸《げん》即《そく》起《きー》慈《じー》心《しん》
或《わく》遭《そう》王《おう》難《なん》苦《くー》
臨《りん》刑《ぎょう》欲《よく》寿《じゅー》終《しゅう》

あるいは高い山の頂から、人のために堕《お》とされても、かの観音の力を思えば、太陽が空にかかって堕ちないようでありましょう。

あるいは悪人に逐《お》われて高い峰から堕とされても、一筋の毛ほども損なうことはありません。

あるいは怨敵《おんてき》に囲まれ、刀で脅《おびや》かされても、かの観音の力を思えば、怨敵は皆慈悲の心を起こすでしょう。

あるいは国王から迫害され、刑のいまわに臨んでも、かの観音の力を思えば、刃《やいば》は直ちにこなごなに折れましょう。

念《ねん》彼《ぴー》観《かん》音《のん》力《りき》
刀《とう》尋《じん》段《だん》段《だん》壊《えー》

「仮使《けし》興害意《こうがいい》　推落大火坑《すいらくだいかきょう》　念彼観音力《ねんぴかんのんりき》　火坑変成池《かきょうへんじょうち》」の意訳は、「たとえ仇《あだ》なすものありて、炎の穴に落とすとも、かの観音を念ずれば、焰《ほのお》は消えて池となる」となります。

ここはおもしろいですよ。だれかが害意をもって、あなたを火坑（火の穴）に落とすというのです。私は立場上、ずいぶんと葬儀を見たり執行《しぎょう》したりしてきました。葬儀に弔辞はつきものです。このとき、故人を「この野郎はとんでもねえ悪人だ」という人はまずいないもので、大部分の人が故人をほめちぎり、「もっと長く生きていてほしかった」などと言います。まあ、結婚式の祝辞で新郎新婦のことを悪く言わないのと同じことでしょう。

しかし、死ぬ人がみんなこんなにいい人ばかりだったら、絶対に世の中が悪くなるはずはありません。その点、人間の建て前に満ちた弔辞などよりも『観音経』のほうがずっと正直で、「だれかが害意を持って火坑に突き落とそうとしているよ」と言ってくれています。いや、「突き落とされても」と言っているのでした。

いったい、だれが火坑などという危険なところに突き落とすというのでしょうか。死者に向かってでしたら、「地獄の獄卒《ごくそつ》が」と言えますからこれはわかりやすいのですが、生者に対しては通じません。では、犯人はだれなのでしょう？

それはほかでもない、「自分自身」です。私たちは、日常的に危険極まりない火の坑を持っているのではありませんか。仕事、家庭、恋人、仲間……、いまはうまくいっていても、明日になったらわからないのが現代日本の実情です。そうでなかったら、倒産もないし失業もない。離婚もなければ仲間割れだって考えられないということになりませんか。

私たちには、どこに火の坑があるのか皆目見当がつきません。知らずに自分から火の坑に突き進んでいることはありませんか。自分の中には必ずもう一人自分がいるものです。犯人として疑ってかかるべき相手は、まずもう一人の自分なのではないでしょうか。

ここにいよいよ「念彼観音力」という語句が登場してきます。このことばを称えることで、観音さまが変身して救いにきてくださるのです。ところが不思議なことに、救出に来てくれる観音さまのお姿は、ほかでもない、自分自身であったりします。そうです。害意を起こしている犯人も自分自身。観音さまの変身像も自分自身だというわけです。

まず、己です。そのためにするべきことは、自分が立っている脚もとを冷静に見つめることではないでしょうか。「脚下照顧《きゃっかしょうこ》」です。脚下を照らして顧《かえりみ》てください。「看脚下《かんきゃっか》」（足もとを見よ！）とも言います。有名な禅語ですから、禅寺の玄関などに書かれてあるのを見かけられたこともあろうかと思います。

次の「或漂流巨《わくひょうるこ》海《かい》　龍魚諸鬼《りゅうぎょしょき》難《なん》　念彼《ねんぴ》観音力《かんのんりき》　波《は》浪不《ろうふ》能没《のうもつ》」は、「あるいは海に漂いて、嵐《あらし》、激しく荒《すさ》ぶとも、かの観音を念ずれば、波に溺《おぼ》るることあらじ」と意訳されています。

海というものは、自分が陸にいて眺めている分には美しくて雄大なものですが、小舟で沖などに出ると、波浪がうねったりしていやでも恐ろしさを感じるものです。しかし、確かにすさんでいないときの海というのは、母親のように大らかで公平であります。

道元禅師は、「海の水を辞せざるは同事なり。是故《このゆえ》に能《よ》く水聚《あつま》りて海となるなり」（『修証《しゅしょう》義《ぎ》』）と言われています。清流であろうと濁流であろうと、海はこれを拒まずに等しく受容いたします。それゆえに「同事」（平等）だというのです。道元のいう平等とは、自分も他人も同じ事だととらえることです。清流という他人も濁流という自分も等しく海に注ぎ込まれる、だからこそ海なのだともいえます。

考えるまでもなく、私たちは社会という海の中で毎日を暮らしています。静かな海ならば生活も楽しいのですが、ひとたび暗雲がたちこめて、それこそ龍や鮫《さめ》などが出現しそうなすさんだ海となったら、私たちはどう生活すればいいのかわからなくなってしまいます。

五十年ほど前、日本という海はとんでもない暴風の中にありました。戦争です。私が五歳のころ、東京は大空襲で一面の焼土と化したのです。黒焦げの死体の山。飢え。火炎の中を逃げ迷ったのを、私は忘れられません。私の原体験として、東京大空襲があります。

戦争とは、国と国との必死の戦いです。そこにルールなど求めるほうが甘いのです。それなのに、戦後は日本側だけが戦争犯罪人として裁かれました。冗談ではありません。戦争は参加したもの全員が犯罪者です。戦勝国も敗戦国も、等しく「海を汚した」のです。戦争で、世界の海を汚す権利などどこの国にもありません。

人間の右手には仏がおわしますが、左手には悪魔が住んでいます。悪魔は刀剣や鉄砲を手にすれば殺人を希求します。軍隊を持てば必ず号令を発してみたくなるのです。国民をそんな危険なところに誘導する政治などいい加減に終了しなさい。観音さまは政治好きの愚者、「龍魚諸鬼」にそのように説いているに違いありません。

# 念彼《ねんぴ》観音力《かんのんりき》

次の「或在須弥峯《わくざいしゅみぶ》　為人所推堕《いにんしょすいだ》　念彼《ねんぴ》観音力《かんのんりき》　如日虚空住《にょにちこくうじゅう》」「或被悪人逐《わくひあくにんちく》　堕落金剛山《だらくこんごうせん》　念彼《ねんぴ》観音力《かんのんりき》　不能損一毛《ふのうそんいちもう》」という二句は、「あるいは、高き峯《みね》にいて、過《あやま》ちおつることあるも、かの観音を念ずれば、身を傷つくることあらじ」とまとめて意訳されています。

山の頂きを絶頂といいますが、人生にも絶頂期というものがあります。実業家でしたら事業が大成功したときでしょうし、歌手ならば文字どおり人気絶頂のときでしょう。このようなときを、六道輪廻《ろくどうりんね》の世界では「天上界」と呼びます。

それなのに、なぜ天上界は悟りのない六道の中に入っているのでしょう。それは、天上界も「諸行無常」だからです。目に見える世界は必ず変化します。絶頂である山の峰に立って変化するとしら、もう堕《お》ちるしかありません。天上界から堕ちたときのつらさは、なまじ絶頂期の幸福を味わっているだけに、まさに地獄に匹敵するといわれています。

ハリウッド映画には、そのようなテーマの作品がずいぶんありました。元超人気スターが失墜して訪ねてくるものもなく、孤独と酒のみが友になってしまうという設定です。こうしてみると、天上界は洋の東西を問わず、今昔にあるものだというのがわかります。

私たちの身の回りにもあります。華々しく活躍していた部長が定年になって退職していく日。いずれはわが身なのですが、若いときにはその地獄がわかりません。もう、名刺に肩書きはありません。個人としての名しか名刺には刷れません。なにもないのです。すっ裸の一人の人間としての価値が問われるときが来たのです。これまでの会社での華々しい立場からしたら、一気に山の峰から谷底に堕ちた気持ちでしょう。

「ああ、これからの人生をどのように生きていったらよいのですか、観音さま」

谷底で、「念彼観音力」と称えることになるのです。このとき、観音さまだったら、「赤《しゃく》肉団上《にくだんじょう》に一無位《いちむい》の真人あり」（『臨済録』）とお答えになるのではないでしょうか。「どうしたらいいのでしょう」と悩んで悲鳴をあげてるその姿は、単なる赤肉《あかにく》の団《かたま》りでしかないというのです。しかし、その肉の団子の上には、権威も地位も財産もまったく関係のない「一無位」の、つまり無冠の真の人間がいるではないかとことばは続きます。これは臨済宗の祖、臨済義玄禅師《りんざいぎげんぜんじ》のことばなのですが、「その真人が、泣きわめいているおまえさんの口から出たり入ったりしていますよ。その出たり入ったりしている姿をよく看《み》てごらんなさい」と言っています。

赤肉団の口から出入りしている一無位の真人をみごとに看切ったとき、それは悟りです。相手は透明人間ですからなかなか看えるものではありませんが、おそらく観音さまはそのようにお説きになるでしょう。それ以外に、定年という谷底からの脱出法はないのです。先に進みましょう。「或値怨賊繞《わくちおんぞくにょう》　各執刀加害《かくしゅうとうかがい》　念彼観音力《ねんぴかんのんりき》　咸即起慈心《げんそくきじしん》」というところは、「あるいは賊に囲まれて、その身危うくみゆるとも、かの観音を念ずれば、賊の心もやわらがん」と意訳されています。

仮に事業に失敗したとしましょう。負債を支払う力がなく、もう会社も倒産というとき、「なんとかもう一度再起の機会をください。幸い、これまでに手がけてきた仕事がもう少しで実を結ぶ可能性があるのです」と債権者たちに新規事業のことを説明し、必死で「念彼観音力」と称えます。

「わかった。ない袖《そで》を振らせるわけにもいくまい。その新規事業を待とうじゃないか」

大口の債権者がそのように理解してくれたとします。地獄で仏とはこのことでしょう。その人物の一言で、他の債権者たちも支払いを待ってくれました。必死で新規事業に取り組み、成功しました。負債を支払うこともできるようになりました。さて、だれが観音さまだったのでしょう。観音さまは新規事業であり、それを成功させるに違いないというその人物の信用こそが観音さまその人であったのです。

信用はだれが作ってくれるものでもありません。長い時間をかけて、自分自身で作っていくほかないものです。それが最大のピンチに、観音さまとなって救ってくださるのです。

「なんだ。結局は自分自身なのか」という声が聞こえてきそうですが、それでは逆に、自分自身以外になにがあるというのでしょう。信用も自分自身であるのと同時に、債権者という賊に取り囲まれる状況を作り出してしまったのも、実は自分自身なのです。

さて、「或遭王難苦《わくそうおうなんく》　臨刑欲寿終《りんぎょうよくじゅしゅう》　念彼《ねんぴ》観音力《かんのんりき》　刀尋段段壊《とうじんだんだんえ》」の意訳は、「あるいはさばきの庭に立ち、命たえんとする時も、かの観音を念ずれば、刀はちぢに折らるべし」です。

長い人生の中では、ときに不本意な結果というものもあるもので、第三者の決断でこちらの今後が決定してしまうことがあります。これが裁きの庭です。

「不景気になったので、このままでは会社はやっていけない。出費の最大のものは家賃と人件費だ。ついては人員の整理にかかる」

リストラです。バブル崩壊後、日本中で見られる光景です。会社を出れば、待っているのは就職難です。他人ごとではありません。けれども、「念彼観音力」でリストラは終業時間の短縮で切り抜けられました。経費節減に全員で努めた企業努力のおかげです。裁きの刀は段々に壊れていったのです。

救われたのは、自分一人ではありません。多くの同僚もほっと胸をなでおろしたに違いありません。同僚たちも、ともに「念彼観音力」と称えて企業努力をしたに違いありません。この場合は、一人ひとりの努力が観音さまとなって結集していったということです。「念彼観音力」と称えることは、いわゆる「神頼み」という消極的な他人任せを説いているのではありません。わが内なる観世音菩薩のお力を信ぜよ、ということなのです。

## 逆境を栄養に

或《わく》囚《しゅう》禁《きん》枷《かー》鎖《さー》
手《しゅー》足《そく》被《ひー》杻《ちゅう》械《かい》
念《ねん》彼《ぴー》観《かん》音《のん》力《りき》
釈《しゃく》然《ねん》得《とく》解《げー》脱《だつ》
呪《しゅう》詛《そー》諸《しょー》毒《どく》薬《やく》
所《しょー》欲《よく》害《がい》身《しん》者《しゃー》
念《ねん》彼《ぴー》観《かん》音《のん》力《りき》
還《げん》著《じゃく》於《おー》本《ほん》人《にん》

あるいは枷《かせ》や鎖につながれて、手枷《てかせ》、足枷《あしかせ》をはめられても、かの観音の力を思えば、それらの戒めは直ちに解けましょう。のろいの呪文《じゅもん》やさまざまな毒薬に身を害なわれようとするときも、かの観音の力を思えば、それらの難儀はかえって本人に降りかかるでしょう。

或《わく》遇《ぐう》悪《あく》羅《らー》刹《せつ》
毒《どく》龍《りゅう》諸《しょー》鬼《きー》等《とう》
念《ねん》彼《ぴー》観《かん》音《のん》力《りき》
時《じー》悉《しつ》不《ぷー》敢《かん》害《がい》
若《にゃく》悪《あく》獣《じゅう》囲《いー》繞《にょう》
利《りー》牙《げー》爪《そう》可《かー》怖《ふー》
念《ねん》彼《ぴー》観《かん》音《のん》力《りき》
疾《しつ》走《そう》無《むー》辺《へん》方《ぽう》
蚖《がん》蛇《じゃー》及《ぎゅう》蝮《ぶつ》蠍《かつ》
気《けー》毒《どく》煙《えん》火《かー》燃《ねん》
念《ねん》彼《ぴー》観《かん》音《のん》力《りき》
尋《じん》声《じょう》自《じー》回《えー》去《こー》
雲《うん》雷《らい》鼓《くー》掣《せい》電《でん》
降《ごう》雹《ばく》澍《じゅう》大《だい》雨《うー》

あるいは悪鬼、毒龍などに遇っても、かの観音の力を思えば、これらのものもあえて自分に害を加えないでしょう。

あるいは悪獣に囲まれて、恐ろしい牙《きば》や爪《つめ》で引き裂かれようとしても、かの観音の力を思えば、彼らは直ちに走り逃げましょう。蝮《まむし》や蛇《へび》やさそりが毒気を焔《ほのお》のように燃やしても、かの観音の力を思えば、み名《な》を称《とな》える声を聞いて逃げ去るでしょう。

雷《いかずち》とどろき、稲妻《いなずま》はためき、空は雹《ひょう》を降らせ、大雨を注いでも、かの観音の力を思えば、

**念《ねん》彼《ぴー》観《かん》音《のん》力《りき》**
**応《おう》時《じー》得《とく》消《しょう》散《さん》**

それはやがて跡形もなく消え失せるでしょう。

「或囚《わくしゅう》禁枷鎖《きんかさ》　手足被杻械《しゅそくひちゅうかい》　念彼観音力《ねんぴかんのんりき》　釈然得解脱《しゃくねんとくげだつ》」「呪詛諸毒薬《しゅうそしょどくやく》　所欲害身者《しょよくがいしんしゃ》　念彼《ねんぴ》観音力《かんのんりき》　還著於本人《げんじゃくおほんにん》」の二句の意訳をまとめてご紹介します。「あるいは、手かせ足かせの、たえぬ責苦にあう時も、かの観音を念ずれば、忽《たちま》ち解かれ放たれん。我を呪う人あるも、かの観音を念ずれば、呪《のろい》は本人《もと》にかえりなん」

二句をまとめて解説いたしましょう。実に不自由なことというのは、現実の社会ではいくらもあることです。ほんとうは思い切り仕事をしたいと思っているのに、ラインから外されて窓際に回され、いわゆる手かせ足かせ状態になってしまっているとします。

しかし、こんなときにいくら、「みんなは私のほんとうの能力を知らないんだ。正当に評価してほしい」などと地団駄を踏んでみてもはじまりません。こんなときこそじっと耐えて、きたるべき出番に備えて勉強し、力を蓄えておくことです。そして「念彼観音力」と称えるのです。観音さまは必ず手かせ足かせを解いてくださいます。

出番は訪れます。なぜなら、会社は人間一人を窓際に置きっ放しにしておくほど豊富な人材を取りそろえてはいません。猫の手も借りたいのがビジネスの場です。ラインを離れたいまこそ、自分を十分に充電しておくことがたいせつなのだと思います。

意外にも、観音さまがそうした立場と時間をくださったのです。この機会に、社内と業界と社会と、そして家族をよくよく観察してみることです。それは、その人物を一回り大きくすることに役立つはずです。不遇を知る人間は、知らない人間よりも人が寄ってきやすくなるものです。深い人間味は、得てして自由を奪われたときに生まれるものなのです。

逆境をどのように自分の味方にするかで、その人間の価値は決まってきます。手かせ足かせをされたことを、「念彼観音力」と感謝することです。感謝した瞬間に、手かせ足かせは解き放たれて自由の身になれるはずです。

「人を呪わば穴二つ」ということばがあります。呪詛《じゅそ》などということはまともな人間のやることではありません。

最近では、テレビをはじめとするマスコミのせいもありまして、奇妙としか言いようのない霊能者ブームがあります。霊魂がたたるだの、降霊だの除霊だのと騒々しいかぎりです。こんなものを真正面から取りあげるマスコミも変ですが、踊らされるほうも、実は恐いもの見たさでしかなかったりしているのではありませんか。

正直に言いますと、私の祖母と母が霊媒師で、私は三代目ということになります。その間の事情は前著に譲りますが、その祖母と母が幼かった私に注意をしたことがあります。

「なにをやってもいいけれども、人を呪うことをしてはいけない。必ず自分に帰ってきて命を縮めることになる」

そのとおりのことが『観音経』に説かれているわけです。自分に帰ってくるという意味では、呪いに限らず仏に対する感謝の気持ちも同様で、これを「回向返照《えこうへんしょう》」といいます。僧侶が経典読誦のあとに読みあげる文言《もんごん》を「回向文《えこうもん》」といいます。「回向」は「回《めぐ》らし」「向《む》ける」ということで、布施や読誦の善根功徳を積んだときに、その功徳をわがものとせずに、亡くなられた先祖の供養のために、また世間や一般の多くの人々のために回らし向けることをいいます。

しかし、そんなふうにしてしまったら自分の功徳にならないではないかと思われそうですが、そんなことはありません。他に与え、施しても、少しも減らないばかりか、そのほうがますます増えていきます。先生が生徒にいくら学業や知識を施しても、先生の知識は減らないどころか、人にものを教えれば復習になりますから、逆に増えていくのと同じことです。まさに「回向返照」で、巡り巡って自分のところに帰ってくるというわけです。戻ってくるものでしたら、呪いよりも感謝の気持ちのほうがいいに決まっていますよね。

次の「或遇悪羅刹《わくぐうあくらせつ》　毒龍諸鬼等《どくりゅうしょきとう》　念彼観音力《ねんぴかんのんりき》　時悉不敢害《じしっぷかんがい》」「若悪獣囲繞《にゃくあくじゅういにょう》　利牙爪可怖《りげそうかふ》　念彼観音力《ねんぴかんのんりき》　疾走無辺方《しっそうむへんぽう》」という二句は、「鬼どももあまたよせ来るとも、かの観音を念ずれば、害を加うることあらじ。猛《たけ》き獣に襲われて、恐れ戦《おのの》く事あるも、かの観音を念ずれば、遠きかなたに失せぬべし」と意訳されています。

経典は、かなり一つのことを繰り返して説きます。このあたりは意訳をお読みいただくだけでご理解願えるかと思いますので、少々スピードを早めて先にまいります。

「蚖蛇及蝮蠍《がんじゃぎゅうぶつかつ》　気毒煙火燃《けどくえんかねん》　念彼観音力《ねんぴかんのんりき》　尋声自回去《じんじょうじえこ》」の意訳。「毒蛇の群の現れて、火《か》焔《えん》の舌を吐くとても、かの観音を念ずれば、姿忽《たちま》ち消えぬべし」

「雲雷鼓掣電《うんらいくせいでん》　降雹澍大雨《ごうばくじゅだいう》　念彼観音力《ねんぴかんのんりき》　応時得消散《おうじとくしょうさん》」の意訳。「雲わき稲妻ひらめきて、雹《ひょう》ふり雨の注がんも、かの観音を念ずれば、忽《たちま》ち晴れて空さやか」ということです。

## どこにでも現れる観音さま

衆《しゅー》生《じょう》被《ひー》困《こん》厄《やく》
無《むー》量《りょう》苦《くー》逼《ひっ》身《しん》
観《かん》音《のん》妙《みょう》智《ちー》力《りき》
能《のう》救《ぐー》世《せー》間《けん》苦《くー》
具《ぐー》足《そく》神《じん》通《づう》力《りき》
広《こう》修《しゅー》智《ちー》方《ほう》便《べん》
十《じっ》方《ぽう》諸《しょー》国《こく》土《どー》
無《むー》刹《せつ》不《ふー》現《げん》身《しん》

われわれが困厄《こんやく》を受け、大きな苦しみに出遭っても、優れた知恵を持つ観音の力は世間の苦しみを救うでしょう。

不思議な力を備え、広く智慧《ちえ》の方便を巡らし、十方のありとあらゆる国々に、身を現さないところはないのです。

種《しゅー》種《じゅー》諸《しょー》悪《あく》趣《しゅー》
地《じー》獄《ごく》鬼《きー》畜《ちく》生《しょう》
生《しょう》老《ろう》病《びょう》死《しー》苦《くー》
以《いー》漸《ぜん》悉《しつ》令《りょう》滅《めつ》
真《しん》観《かん》清《しょう》浄《じょう》観《かん》
広《こう》大《だい》智《ちー》慧《えー》観《かん》
悲《ひー》観《かん》及《ぎゅう》慈《じー》観《かん》
常《じょう》願《がん》常《じょう》瞻《せん》仰《ごう》
無《むー》垢《くー》清《しょう》浄《じょう》光《こう》
慧《えー》日《にち》破《はー》諸《しょー》闇《あん》
能《のう》伏《ぶく》災《さい》風《ふう》火《かー》
普《ふー》明《みょう》照《しょう》世《せー》間《けん》
悲《ひー》体《たい》戒《かい》雷《らい》震《しん》
慈《じー》意《いー》妙《みょう》大《だい》雲《うん》

地獄、餓鬼《がき》、畜生というさまざまな悪道、生《しょう》、老《ろう》、病《びょう》、死《し》の苦しみを跡形もなくなくすでしょう。

真実な目、清らかな目、大いなる智慧の目、哀れみの目、慈しみの目を備えた観音さまをたえず願い、たえず仰ぎ見なければなりません。

垢《けが》れのない清らかな光は、智慧の光のようにあらゆる闇《やみ》を破り、災いの風や火をおさめて、普《あま》ねく世の中を照らしています。

哀れみの心を戒めとし、雷《いかずち》のなるように震え、慈しみの心は雲と起こり、法《おしえ》を甘露《かんろ》の雨のように注いで、煩悩の燄《ほのお》を滅ぼします。

澍《じゅー》甘《かん》露《ろー》法《ほう》雨《うー》
滅《めつ》除《じょー》煩《ぼん》悩《のう》燄《えん》

「衆生被困厄《しゅじょうひこんやく》　無量苦逼身《むりょうくひっしん》　観音妙智力《かんのんみょうちりき》　能救世間苦《のうぐせけんく》」は、「世の災《わざわい》の重《かさな》りて、無限の苦悩迫るとも、仏の妙《たえ》なる力にて、その苦しみは救われん」と訳されています。

これまで述べてきましたように、私たちの住む社会にはいろいろな災いが目白押しです。マスコミの報道を見るだけでも、およそ信じられないような犯罪、事件が連日起こっております。『観音経』は、そのようなすさまじい事件が信じられないほど次々と起こるのを予見するように数多くの「難」を並べ、そのたびに繰り返して「念彼観音力」と称えることを勧めます。そうしたら救われるのですよ、と執拗なまでに説き続けます。

これだけの数の苦悩を持つ人間が、一斉に「助けてください」と叫び、願ったとしたら、観音さまは三百六十五日、二十四時間営業でも衆生の要望をこなし切ることはできないのではないでしょうか。しかし、心配はいりません。観音さまの妙智力は、変身の能力だけではなく、「分身」の超能力も持っているのです。『西遊記《さいゆうき》』の孫悟空は、自分の毛を抜いてフッと息を吹きかけると分身が登場するという超能力を使いますが、観音さまはそんなめんどうなことさえいたしません。「念彼観音力」と称えた衆生自身が自覚さえしてくれたら、何人でも分身が増えるという技を使うのです。

それはそのはず、ひとたび信仰した者にとって、観音さまは忘れられない存在になってしまうのです。「常念観世音《じょうねんかんぜおん》」で、心の中から消え去ることはありません。一人ひとりの心の中から消え去ることがなければ、これは分身の術を使ったのと同じことになるわけです。そのようにして分身観音を心に保ち続けた人々が、やがて自分のこともさることながら、世の中の災いに対して観音さまになり代わり、「能求世間苦《のうぐせけんく》」で苦しみを解き放とうとしはじめます。

観音さまの妙智力とは、ほかでもなく、信仰者一人ひとりを観音代理とし、お役目を持たせてしまうことにあるのです。「念彼観音力」と称えて救われた経験のある人なら、必ず観音代理にならないはずがありません。観音代理人は、観音さまになり代わって、信仰のすばらしさを説かずにはいられなくなるのです。災いの多いこの世ではありますが、こうして観音さまの分身である「観音代理」が増えていき、やがては社会の苦しみも救われていく、それが「観音妙智力」の弘法《ぐほう》の理想なのです。

経典を続けましょう。「具足神通力《ぐそくじんづうりき》　広修智方便《こうしゅうちほうべん》　十方諸国土《じっぽうしょこくど》　無刹不現身《むせつふげんしん》」の訳は、「妙なる力のある故に、ひろき方便《てだて》を廻《めぐ》らして、十方億土いずくにも、ましまさざるところなし」で、前句で説明したことと同じです。あらゆるところに観音さまが出現するためには、観音代理を一人でも多く増やしていくということです。

「種種諸悪趣《しゅじゅしょあくしゅ》　地獄《じごく》鬼畜生《きちくしょう》　生老病死苦《しょうろうびょうしく》　以漸悉令滅《いぜんしつりょうめつ》」は、「地獄鬼畜の苦しみも、また生き死にの苦しみも、みなことごとく消えぬべし」と訳されています。

ここで説く「地獄鬼畜生」は、十界（三九ページ図）の下から数えて三つのものを指しています。六道のうちの半分で「三悪趣」（三悪道）と呼ばれており、「地獄」「餓鬼＝鬼」「畜生＝動物」の三つということになります。

残る六道は「修羅」「人間」「天」ということですが、正直に言って、なんで動物が「三悪趣」の中に入っているのか、私としてはあまり愉快には思えません。それというのも、私は自坊である願行寺で、「伊豆ペット霊園」という動物専門の納骨堂と墓苑を営み、動物たちを供養しているからです。苑内の一隅にはペット用の炉も据えてあります。

ペットを飼っていた人たちは、ペットが死ぬと家族の死と同様に慌て、どうしたらよいのかと途方に暮れて私どものもとに駆け込んできます。そこで、私は人間と同じように手厚く葬送してあげることを勧めています。

人間と動物。六道の世界では、人間のほうが上位にあるようですが、それは人間の「想像力」でそのように順位をつけたに過ぎないのではないでしょうか。宇宙の中では、他の動物よりも人間のほうが圧倒的に「悪種」をばらまいています。地球上に人間が出現しなかったら、地球の生態は今日ほど激変しなかったのではないでしょうか。あまつさえ、戦争という行為をいまだに続けています。戦争による犠牲者は、人間よりも動物のほうが多いのです。それなのに、動物を「畜生」と呼び、人間の下位に置いているのは奇妙です。

例えばそれが『法華経』であり、『観音経』の一節で、教えとしては絶対的に価値のあるものだとしても、経典の中にも、「不易《ふえき》=変わらない真理」と「流行=変化してゆくもの」があると思うのです。『観音経』が成立した当時は、動物をそのような目で見ていた風潮(流行)があったということではないでしょうか。

そのことは、「地獄」についても言えます。日本で地獄について系統的に述べたものは源《げん》信《しん》が撰述した『往生要集《おうじょうようしゅう》』です。わが国では、この『往生要集』をもとにして地獄の様相が文や絵に書かれ、衆生の中に広められていきました。現在でも、寺院などには地獄絵がかけられて絵説法とされています。「悪いことをすると、死んでからこうなるよ」と戒めているのです。

人間には知恵があります。知恵はときによってものごとの推進装置となり、悪い方向に向かってアクセルを踏んだらとめどがありません。だからブレーキが必要です。ブレーキには、罪と罰と予防があります。戒めです。恐怖から思わずブレーキを踏むようにさせていたのが地獄絵の役割だったのですが、現在では地獄絵が怖くなってしまいました。幼稚園の子供が、「地獄なんてウソだもん。怖くないもん。作りごとでしょ」とケロリと言います。血の池も針の山も効果なしです。これでは戒めになりません。

こうしてみると、地獄の怖さが風化してしまったわけですから、こうした教えも流行ということになるのでしょう。いまや、背筋も凍るような、怖い、新しい地獄が必要になっているのではないかと思います。「畜生＝動物」という概念にも、新しい考え方が必要なのではないでしょうか。

## 無条件の清らかさ

「三悪趣」の中には、もう一つ「餓鬼」が入っています。飢えた鬼です。前に、儒教では人間が「魂魄《こんぱく》」で構成されていると申しました。魂＝精神、魄＝肉体というわけですが、どちらの会意文字にも「鬼」が潜んでいます。それというのも、人間には死人を怖がるという面がありまして、儒教では人が死ぬと鬼になるという考え方があるのです。

その鬼は、ときに「羅刹《らせつ》」であったり、「餓鬼」「亡者」「幽霊」「悪霊」「死霊」「生き霊」「精霊」「ゾンビ」などという呼ばれ方をいたします。いずれにしても、「成仏」もしくは「再誕生（次生）」をしていない、中陰（中有）中の霊魂ということで、いかにもおどろおどろしい呼ばれ方で、怪談やホラーの主人公になっています。

このような存在を、仏教では「餓鬼」といいます。前に引用した『禅苑雑記牒《ぜんえんざつきちょう》』によると、古代のインド人は、人間の死後を「ピトリ」と「プレータ」の二通りに考えたといいます。ピトリとは、死後子孫や親類などが団子や水を供えて供養するため、安楽になって子孫を守ってくれる霊のことで、プレータとは、死後供養をしてくれる人がいないため人間のように満足な体を持てず、いつも空腹で闇夜《やみよ》にさまよい出ていろいろな障《さわ》りをする霊です。これが餓鬼と呼ばれるもので、人の血肉を常食とする曠野鬼《こうやき》、やはり人を食べますが、鬼子母神《きしもじん》が釈迦《しゃか》に教化される前のような餓鬼である薬叉女《やしゃにょ》、やせて口から焔《ほのお》を出し、のどは針のように細くて腹は膨れ、髪は乱れて恐ろしい形相をし、自分で飲食をとろうとすると食物が火となって食べられずに苦しむ焔口鬼《えんこうき》などがいるといいます。

これらの餓鬼に飲食《おんじき》を施して供養をしようというのが、寺院で行われている「施餓鬼会《せがきえ》」（曹洞宗《そうとうしゅう》では「施食会《せじきえ》」）というものです。

以上の三道を「三悪道」または「三悪趣」といっております。そうした「三悪道」の苦しみも、「念彼観音力」と称えることで消え去っていくというのですから、生者はもとよりのこと、死者にとっても朗報というほかはありません。さらに経典は、生・老・病・死の

「四苦」の苦しみも消え去ると説きます。

先に進みましょう。「真観清浄観《しんかんしょうじょうかん》 広大智慧観《こうだいちえかん》 悲観及慈観《ひかんぎゅうじかん》 常願常瞻仰《じょうがんじょうせんごう》」の意訳。

「清き誠の心もて、智慧と慈悲との心もて、つねづね仏を仰ぐべし」

「無垢清浄光《むくしょうじょうこう》 慧日破諸闇《えにちはしょあん》 能伏災風火《のうぶくさいふうか》 普明照世間《ふみょうしょうせけん》」の意訳。「清く穢《よご》れぬみ光は、天《あめ》つ空《そら》なる日の如《ごと》く、心の闇《やみ》も世の闇も、払いて明るく照らすらん」

ここまで解説してきてこの二句を記し、私はそのとおりなのだが、なぜこんなすばらしいことが世の中に広く深く広がってくれないのだろうと思いました。ここの二句では、再び観音さまの尊さと信仰のたいせつさが説かれます。観音さまの教えは、いかにも正しく広大です。人間としては逆らいようがありません。

ここで注意すべきことは、正しすぎて「逆らいようがない」ということなのです。現代人は、なにに対してもなんらかの形で疑いの心を持っています。対人関係でも、常に損得勘定の心を持ちます。だまされないようにしよう。だまされても、その衝撃を最小限のものにしてわが身をガードしようとして生きています。

哀しい生き方です。男女の恋愛関係も、家庭すらも渇いてしまっているように見えます。

計算だけで、一歩歩くたびに計算器が働くような切ない環境になってしまっています。戦後五十数年たって、だれが悪いということもなく、日本は確実にこういう世相になりました。みんな自分の頭の上のハエを追うだけで精いっぱい、荒《すさ》んだ娑婆《しゃば》世界《せかい》です。

そんな中で「正しすぎること」を説かれると、自分たちの中には疑念が充満していますから、どこかでうさん臭く感じてしまうのかもしれません。でも、私たちはほんとうは、心の奥底で「正しすぎるもの」「揺るぎのないもの」を求めているのです。しかし、そういう本心をあらわにすることは恥ずかしいし、「超ダサイ」ことになってしまっています。「そんなもの、あるわけないじゃん」とあしらわれ、「信じる人間がばかよ」「だからなんなの？」と白けていく。不毛の精神構造です。これは若者に限ったことではありません。

そうした泥土《でいど》といってよい日本の社会に向かって、「無条件で『観世音菩薩』を信じなさい」ということがいかに難儀なことか。信仰は一部の人間のものであってはなりません。そんなことわかっています。わかっていても、いま「真観清浄観《しんかんしょうじょうかん》」（真理を見極める清い心）と声高に叫んでどこまで浸透するでしょう。いつになったら泥土の根から茎を伸ばし、葉を広げた白蓮華《びゃくれんげ》は思い切り開華してくれるのでしょうか。

しかし、禅語には「泥多仏大《でいたぶつだい》！」ということばがあります。「泥（愚鈍なる衆生）多ければ、仏、さらに大なり！」という意味です。私自身、ばかばかしいまでの泥土でありますわが身を思えば、気恥ずかしさゆえに汚筆をへシ折り、粗硯を叩き割りたくなります。親鸞《しんらん》は、時の権力に抗して、僧にあらず、俗にあらず、「ただの愚禿《ぐとく》である」と言われました。私は自身を顧みて、力なく「愚禿」というほかありません。

そんな私の耳にでも、「覚心（私の僧名）よ、思い切り泥にまみれなさい」と、慈悲にあふれた観音さまのお声が響きます。

経典に戻りましょう。「悲体戒雷震《ひたいかいらいしん》　慈意妙大雲《じいみようだいうん》　澍甘露法雨《じゆかんろほうう》　滅除煩悩燄《めつじよぼんのうえん》」と続きます。意訳は、「慈悲の心は、怒りとも、恵みの雨と、てだてして、迷いの焔《ほのお》を消すならん」です。煩悩の燄を「法」の雨で滅除してくださると説かれるのです。

## 観音さまの広大さ

諍《じょう》訟《しょう》経《きょう》官《かん》処《じょー》《しょー》
怖《ふー》畏《いー》軍《ぐん》陣《じん》中《ちゅう》
念《ねん》彼《ぴー》観《かん》音《のん》力《りき》
衆《しゅう》怨《おん》悉《しつ》退《たい》散《さん》
妙《みょう》音《おん》観《かん》世《ぜー》音《おん》
梵《ぼん》音《のん》海《かい》潮《ちょう》音《おん》
勝《しょう》彼《ひー》世《せー》間《けん》音《のん》
是《ぜー》故《こー》須《しゅー》常《じょう》念《ねん》

訴訟《そしょう》の庭でも、戦場においても、恐怖に震えたならば、かの観音の力を思えば、あらゆる怨《うら》みは皆退くでしょう。

妙《たえ》なる声、世を見通す声、お経を読む声、海の潮《しお》の声など、ありとあらゆる声に勝《まさ》っています。このため、たえず観音さまを思わなければなりません。

一念一念、疑いを生じてはなりません。聖

念《ねん》念《ねん》勿《もつ》生《しょー》疑《ぎー》
観《かん》世《ぜー》音《おん》浄《じょう》聖《しょう》
於《おー》苦《くー》悩《のう》死《しー》厄《やく》
能《のう》為《いー》作《さー》依《えー》怙《こー》
具《ぐー》一《いっ》切《さい》功《くー》徳《どく》
慈《じー》眼《げん》視《じー》衆《しゅー》生《じょう》
福《ふく》聚《じゅー》海《かい》無《むー》量《りょう》
是《ぜー》故《こー》応《おう》頂《ちょう》礼《らい》

なる観音さまは苦しみ、死、困厄《こんやく》において、よく人々のよりどころとなるのです。

あらゆる功徳《くどく》を備え、慈しみの目をもって衆生を眺め、無量の福の海となるのです。このため慎んで観音さまに敬礼し、奉《たてまつ》りなさい。

「諍訟経官処《じょうしょうきょうかんじょ》　怖畏軍陣中《ふいぐんじんちゅう》　念彼観音力《ねんぴかんのんりき》　衆怨悉退散《しゅおんしったいさん》」は、「さばきの家にありとても、いくさの庭にありとても、かの観音を念ずれば、恨みも仇《あだ》もはなるべし」ということです。

私は、不動産購入時に契約書の不備を衝かれて車庫を実質的に悪徳業者に奪われ、沼津地裁というところで私が原告となって民事裁判というものをやったことがありますが、どうにも「諍訟《あらそい》」ごとというのは私の性分には合いません。前述のように戦争もだめです。

ここではそうした恐怖を「念彼観音力」と称えることで消し去ってくれる、それどころか、恨《うら》みや仇《あだ》も退散させてくれるというのです。ありがたいことです。

「妙音観世音《みょうおんかんぜおん》　梵音海潮音《ぼんのんかいちょうおん》　勝彼世間音《しょうひせけんのん》　是故須常念《ぜこしゅじょうねん》」の意訳は「響《ひび》き妙《たえ》なる観世音、岸うつ波の法の声　世にも尊き声なれば、常に心に念ずべし」です。

「念念勿生疑《ねんねんもっしょうぎ》　観世音浄聖《かんぜおんじょうしょう》　於苦悩死厄《おくのうしやく》　能為作依怙《のういさえこ》」は、「ゆめゆめ疑うことなかれ、観音ひじりぞ苦しみの、浮世の中の頼みなれ」。

「具一切功徳《ぐいっさいくどく》　慈眼視衆生《じげんじしゅじょう》　福聚海無量《ふくじゅかいむりょう》　是故応頂礼《ぜこおうちょうらい》」は、「なべての功徳身にもちて、慈悲の眼《まなこ》にみそなわす、集むる福は、わだつみの海の如《ごと》くはかりなし、されば敬い尊みて、常にぬかずきおがむべし」です。

この三句は、観音さまの功徳の広さ、深さを海に例え、その信仰に疑いを抱くことなくひたすらに称名《しょうみょう》し、礼拝供養《らいはいくよう》しなさいと説いています。さしもの『観音経』も、このあたりまでくるとリフレインが目立ちます。しかし、その真意は、何度も繰り返すことによって衆生は信仰に目覚めるということなのかもしれません。いずれにしても、信仰や信心の本質は実践です。それを心してこの三句をもう一度読み返していただきたいと思います。

# お地蔵さまの締め語

爾《にー》時《じー》。持《じー》地《じー》菩《ぼー》薩《さー》。即《そく》従《じゅう》座《ざー》起《きー》。前《ぜん》白《びゃく》仏《ぶっ》言《ごん》。世《せー》尊《そん》。若《にゃく》有《うー》衆《しゅー》生《じょう》。聞《もん》是《ぜー》観《かん》世《ぜー》音《おん》菩《ぼー》薩《さー》品《ほん》。自《じー》在《ざい》之《しー》業《ごう》。普《ふー》門《もん》示《じー》現《げん》。神《じん》通《づう》力《りき》者《しゃー》。当《とう》知《ちー》是《ぜー》人《にん》。功《くー》徳《どく》不《ふー》少《しょう》。仏《ぶっ》説《せっ》是《ぜー》普《ふー》門《もん》品《ほん》時《じー》。衆《しゅー》

そのとき、持地菩薩《じじぼさつ》はすぐに座より立ち上がり、仏の前に進んで言われた。「世尊よ、もし衆生がこの観世音菩薩品《かんぜおんぼさつぼん》に説かれた自由自在の働きや、あらゆるところに現れる神通力を聞く者は、大きな功徳があることを知るべきであります」と。

仏がこの普門品《ふもんぼん》をお説きになると、説法を

中《ちゅう》八《はち》万《まん》四《しー》千《せん》衆《しゅー》生《じょう》。
皆《かい》発《はつ》無《むー》等《とう》等《どう》。阿《あー》耨《のく》
多《たー》羅《らー》三《さん》藐《みゃく》三《さん》菩《ぼー》提《だい》
心《しん》。

聞いていた会場の八万四千の人々は、皆最高の悟りを求める気持ちを起こしたのです。

もう、ここではいちいち句の原文は載せません。意訳は次のとおりです。

「時に持地菩薩、仏に申さく『世尊よ、観音自在の働き、神通力を聞かん者は、まさに知るべし、この人功徳少なからず』と。仏、この法を説き給いし時、座にある者、みな無上の菩《ぼ》提心《だいしん》を起せり」。

ここで、新しい菩薩が登場いたします。その名を「持《じ》地《じ》菩《ぼ》薩《さっ》」といいます。皆さんには「地蔵菩薩」と申しあげたほうが、わかりが早いかと思います。「おばあちゃんの原宿」と呼ばれている東京、巣鴨の「とげ抜き地蔵さん」が持地菩薩です。お年寄りがお詣りするから「ジジイ菩薩」なんだろうなどと言わないでください（だれも言ってないか）。

お地蔵さんは、別に巣鴨にしかおられないわけではありません。石のお地蔵さんは、全

地蔵菩薩像

『大正新脩大蔵経図第一巻』（大蔵出版刊）より

国至るところに祀られており、たいていは赤いあぶちゃんを胸にかけております。この姿は僧形《そうぎょう》地蔵といい、オリジナルの地蔵菩薩とはずいぶん異なっています。

どうして赤いあぶちゃんかといいますと、お地蔵さんは子供たちを守ってくださる仏さまという庶民信仰があるからです。特に幼くして死んだ子供は、親よりも先に逝《い》ったから親不孝だということで、死後の世界で鬼たちにいじめられるという伝承があります。

「三途《さんず》の河《かわ》が渡れるかしら」と子供を案ずるのが親心というものです。子供を先立たせてしまった母親の悲しみは、哀れでなりません。

そこでお地蔵さんの出番です。「案ずることはない、三途の河は私がちゃんとあなたの子供の手を引いて渡してあげますよ」というわけです。お地蔵さんの慈悲の心です。だから、死んだ子供の供養のために石の地蔵さんを造立してお祀りするのです。赤いあぶちゃんは、「あの子が困らないように」という気持ちの表れであり、風車は「あの子のオモチャ」でしょう。私も、間違いなくお地蔵さんが子供の手を引いて安全なところに連れていってくれると思います。

　そのお地蔵さんには、子供たちを守ってくれる以外にもいろいろとお役目があります。その一つは、閻魔《えんま》大王《だいおう》の裁判のときに弁護士になってくれることです。子供だけではなく、だれの裁判でも弁護士を引き受けます。そういえば、前出の遠藤誠氏も弁護士さんで極道の弁護をなさっておられますが、相手を選ばないところがいいですね。

「生まれたときからの坊主がいねえように、生まれたときからの極道者などもいやしねえ。ちょいと道ィ踏み違えて、世間さまにゃあはばかりさまだが、お上《かみ》に八方塞がりの仕打ちを受ける覚えはねえ。こんな非道な掟状を高札されちゃあ、真《ま》ッ当《とう》に戻るにも戻れねえ。お上に情があるんなら、いくら法律でも、裏の木戸ひとつ、ポンと開けといちゃあどうでい。袋小路に追いつめちゃあ、猫にかみつくネズミもおりやすぜ。ねえ、そうでしょう。

仏さんなら、そうはしねえぜ」

こういうべらんめえなのがエンマさまのところに来ましても、お地蔵さまは、「彼にもこういういいところがありまして」と弁護してくれるのです。

寺院の三門近くに、「六地蔵」というのが祀られております。これは六道の衆生を教化するためなのです。弁護活動もその一環なのですが、担当する六道のそれぞれでお地蔵さんの名前が違っています。

地獄担当教化地蔵……金剛願地蔵尊
餓鬼担当教化地蔵……金剛宝地蔵尊
畜生担当教化地蔵……金剛悲地蔵尊
修羅担当教化地蔵……金剛幢地蔵尊
人間担当教化地蔵……放光地蔵尊
天担当教化地蔵……預天賀地蔵尊

以上のような配当になっております。お寺に行ったときなどはぜひお詣りしてください。いつかお世話になるのですから。

この他に、もう一つお役目があります。いまの世を守るのです。曹洞宗の大本山、永平寺の仏殿には「三世仏」が祀られております。三世とは「過去世」「現在世」「未来世」のことで、やはりそれぞれを担当する仏さまがおられます。過去世は阿弥陀如来《あみだにょらい》、現在世は釈迦如来《しゃかにょらい》、未来世は弥勒仏《みろくぶつ》です。この中の弥勒仏がお地蔵さんにかかわってくるのです。弥勒さまはまだ如来ではなく、いまは弥勒菩薩と呼ばれています。

その弥勒仏のお役目について触れなくてはなりません。約二千五百年前、お釈迦さまがこの世に出現なさり、八十歳で入滅されました。入滅後、五十六億七千万年後に地球は破滅するというのです。さあ困った。しかし、そのときに弥勒仏がこの世に出現してくださるというのです。現在は兜率天《とそつてん》というところで待機していらっしゃるのですが、地球の危機にこの世に姿を現してくれるのです。でも、釈迦は入滅されたのですから、弥勒仏が現れるまでの五十六億七千万年間はこの世に仏がいないことになってしまいます。

そこでピンチヒッターが現在仏として登場いたします。ほかでもない、そのピンチヒッターこそが持地菩薩、つまり地蔵菩薩なのです。「持地」といい「地蔵」といい、地がついていますから、この地上を守る仏さまということです。持地菩薩は観世音菩薩に負けないくらい超多忙な仏さまですが、その多忙さも私たち凡夫を救うためなのです。

持地菩薩の説明が長くなりましたが、その持地菩薩が世尊の前に進んで発言します。

「世尊よ、観音自在の働き神通力を聞かん者はまさに知るべし」

聞かん者というのですから、無尽意《むじんに》菩薩《ぼさつ》が代表を務めている私たち衆生のことです。

「まさに知るべし」とは、「この人功徳少なからず」と知りなさいと言っているのです。この人とはだれのことでしょう。大きな神通力を持つ観音さまでしょうか。それともその教えを聞いた私たち衆生でしょうか。もちろん、大きな功徳は私たち衆生にあるのです。

「仏、この法を説き給いし時、座にある者、みな無上の菩提心を起せり」と続きます。世尊が、「普門品」（『観音経』のこと）をお説きになると、その会上《えじょう》（会場＝座）の八万四千の人々は皆無上（最高）の悟りを求める気持ちを発したというのです。

それはそうでしょう。せっかく世尊がこれだけの長い間説法をしてくださったのです。「だからどうしたの？」などという罰あたりな人は経典には登場してまいりません。拙稿におつき合いをいただいた方々の中にもおられるはずがありません。

最高の悟りを求める心、この「発菩提心《ほっぽだいしん》」こそが信仰の始まりです。そしてその信心を持続させること、つまり「修菩薩行《しゆうぼさつぎよう》」が私たち凡夫の価値を定めるバロメーターとなるのです。そこを忘れては、せっかくの発菩提心が見るも無残なことになってしまいます。

『観音経』の全体を通じていえることは、浅く読んだり読み違いをいたしますと、「これは超能力経かいな」と受け取られかねないところです。あるいは「現世利益《げんぜりやく》追求経か」と言う人もいます。「困難を念彼観音力と称えるだけでクリアーできるとは思えない。これでは、呪文を唱えてあとは神頼みってことになってしまう。だから、おれはもっと自分を信じて道を切り開く」などと言う方がいらっしゃいます。

それはそれでいいのです。「自分を信じさせること」が『観音経』の真のねらいなのですから。観音さまを信じることとは、即ち「自分自身を信じること」なのです。心の中にお堂を建てて、自分自身という「観世音菩薩」を、ぜひともお祀りしてほしいと思います。それを、真の「観音堂」というのです。

南無《なむ》大慈《だいず》大悲《だいひ》観世《かんぜ》音菩《おんぼ》薩《さつ》　種種重《しゆじゆじゆう》罪五逆消《ざいごぎやくしよう》滅《めつ》　自《じ》他平等《たびようどう》　即身成《そくしんじよう》仏《ぶつ》。

合掌

# おわりに

いつもそうなのだけれども、経典の解説というのは、脱稿したとたんに、経典という「モチーフ」を再度別な角度から研究し、執筆したくなる衝動にかられる。

それは、画家と良質なモデルとの関係に酷似しているといってもいいだろう。何度でも挑戦したくなる「永遠のモチーフ」なのかもしれない。

そして、それはほかでもない。経典が私自身を映し出す鏡であるということでもある。私自身のありようが、そのまま鏡に返照されて、進歩や、退歩や、停滞を感じさせてくるのである。実のところ、それは、恐ろしいまでの力を持っていて、私の浅薄菲才ぶりを否応なく実感させてくれるのである。

書くことは、実に厳しい修行だと痛感している。完璧など、正直にいって期しようもない。ひたすら、脱稿後は、身を縮めて恥じ入るのみである。そのくせ、書かずにはいられないのであるから、これは私自身の業とでも呼ぶほかはない。

私は、僧侶である一方、著述業をしている。小説やエッセイなどを書いている。しかし、僧侶という立場でいえば、教相家（教学者）ではない。事相家（実践者）の立場である。「願行寺」の山寺の住職として、葬儀や法要や、ときには祈禱までを執行し、仏事やそのほかの相談にも乗らなくてはならず、墓苑の管理も行わなくてはならない。そうした仕事や修行の合間を縫うようにして、原稿用紙に向かって筆を執り、先達の書籍に教えを請う。

このときに、はたと迷う。

たとえば、葬儀一つを取り上げても、地方性や宗派によって、その事相（実践）はすべて異なっており、日本全国で統一された法式などというものはない。そのうえに、儀式の種類は多く、めったなことでは執行されない儀式もある。

儀式には、それぞれ深い意味があって執行されているのである。それらを、全宗派、全国にわたって知得することなど不可能に近い。仏教が難解であるといわれる原因は、こうしたところにもある。土台、用語が宗派によってすべて異なっている。

仏教用語は、実に一般になじみにくい。けれども、反面、仏教用語がいつしか一般語に転用されているという例も実に多い。「玄関」「挨拶」などといったもので、これらは枚挙にいとまがない。

しかし、基本的に、文言の一字に含まれる意味の深さは、広く、多くを持っているので、その一字を解読するだけで、とんでもない文章の量を必要とすることが、次々と出来してくる。したがって、用語の解説だけで著述の多くを割かれてしまい、本来述べたいと思っている部分になかなかたどりつけない。もどかしいかぎりだが、理解の手続きとして不可避である。

『観音経』は、その智慧大海のごとくである。その慈悲は大空のごとくである。この智慧と慈悲によって、生きることの勇気を得ることができる。

「観音信仰」といって、宗派を横断した形で信心を集めている経典でもある。困ったときの観音さま頼みでもよいではないか。読者諸賢の大願成就の一助になれば幸甚である。

末筆になったが、拙著の上梓にあたって、大蔵出版の井上敏光氏、みち書房の田中治郎氏、小林真弓氏にたいへんお世話になった。この場を借りて、謝意を表しておきたい。

願行寺　虎角庵にて　　　著　者　誌す

著者紹介

牛込覚心（うしごめ　かくしん）

1940年　東京・浅草に生まれる。
1970年　牛次郎《ぎゅうじろう》の筆名で，作家としてデビュー。
1981年　角川書店野生時代新人文学賞受賞。
1986年　臨済宗妙心寺派医王寺にて出家得度。同寺学徒。
1989年　静岡県伊東市に，転法輪山願行寺を建立，開山。
1996年　願行寺，文部大臣認証の単立寺院となり，管長兼住職となり現在に至る。
著　書　（仏教関係の主なもの）
『心をこめた先祖供養』（ベストブック社）
『自然体の般若心経』（ベストブック社）
『出家のすすめ』（ＰＨＰ研究所）
『葬儀の探究』（国書刊行会）
『生と死の白隠禅師坐禅和讃』（大蔵出版）
『生と死の般若心経』（大蔵出版）
『現代お墓革命』（大蔵出版）など多数。
現住所　〒413-0231　静岡県伊東市富戸1164-7　転法輪山願行寺

生と死の『観音経』

2000年７月15日　　初版第１刷発行

著　　者　　牛　込　覚　心
発 行 者　　鈴　木　正　明
発 行 所　　大蔵出版株式会社
〒112-0015　東京都文京区目白台1-17-6
TEL.03(5956)3291　FAX.03(5956)3292
印 刷 所　　株式会社 厚徳社
製 本 所　　株式会社 常川製本
編集協力　　株式会社 みち書房　田中治郎・小林真弓

　ISBN 4-8043-3054-2 C0015